전쟁의 판도를 바꾼 전염병

차례
Contents

전쟁과 전염병

전쟁은 사회 간 갈등이 가장 심하게 나타난 형태다. "인간은 사회적 동물"이라는 아리스토텔레스의 말처럼, 사회 구성원인 인간들은 자신의 의사와 상관없이 전쟁이라는 사회 갈등의 희생물이 되어 참상을 당해야만 했다. 그러나 전쟁보다 오히려 전쟁이 일어날 때 발생하는 전염병의 폐해가 더 컸다는 사실은 널리 알려지지 않았다. 전쟁 시 흔히 발생하는 질병은 미생물 병원체에 의한 전염병이었으며, 때로는 비타민 C 결핍증과 같은 영양결핍증이 큰 피해를 입히기도 했다.

1905년 우리 땅에서 벌어진 러일전쟁은 전쟁의 역사에서 중요한 의미를 가진다. 그것은 칭기즈칸의 서부 원정과 이슬람 제국의 스페인 지배 이후 처음으로 동양이 서양에 승리했다는 것과 역사상 최초로 전쟁 때문에 죽은 사망자가 전쟁 때 발생한 질병으로 죽은 사망자보다 적었다는 사실 때문이다.

19세기 중반이 지나서야 아주 작은 생물체인 미생물이 존재하고, 이 미생물 가운데 전염병을 일으키는 세균과 바이러스가 있다는 사실이 밝혀졌다. 그때부터 인류는 전염병의 예방법과 치료법을 알아내려고 노력했다. 이와 더불어 산업혁명의 영향으로 집단생활을 많이 하게 되자 여러 가지 보건 문제가 생겨 위생에 대한 관심이 커졌다. 따라서 질병 때문에 죽은 사망자 수가 줄어든 것은 이해할 수 있지만, 그 전까지 전쟁때 생긴 질병으로 죽은 사람이 전쟁 사망자보다 더 많았다는이야기는 얼른 가슴에 와 닿지 않을 것이다. 옛날 전쟁 영화에서 수많은 사람들이 칼에 찔리거나 총에 맞아 피를 흘리며 쓰러지는 모습을 기억하는 사람들에게는 더욱 그럴 것이다. 그러나 전쟁 때 발생한 질병은 때로는 전쟁의 판도를 한순간에바꾸어 버리기도 했고, 지휘관의 목숨을 빼앗음으로써 역사의수레바퀴를 돌려놓기도 했다.

이 책에서는 전쟁 역사에서 전염병의 양상과 전염병이 전쟁의 판도를 어떻게 바꾸어 버렸는지를 이야기하려고 한다. 이 책은 질병이 전쟁의 양상을 바꿀 수 있다는 사실을 소개하려는 것이지, 질병이 전쟁의 승패에 가장 중요한 요인이라고이야기하는 것이 아니다. 독자들의 오해가 없기를 바란다.

누가 알렉산더를 죽였는가

아테네 전염병과 펠로폰네소스전쟁

고대 문명의 중심지인 그리스는 도시국가였으며 많은 사람들이 익히 알고 있듯이 중심지는 아티카 지방에 있는 아테네였다. 기원전 5세기에 아테네는 당시 세계의 중심이라 할 수 있는 에게 해海를 완전히 장악할 정도로 해군력이 막강했다. 호시탐탐 에게 해를 넘보고 있던 페르시아를 몰아내기 위해 주변의 작은 도시국가들이 힘을 모아 델로스동맹을 결성하면서 아테네의 힘이 강해지기 시작했다. 기원전 454년에는 제국이라 부를 수 있을 만큼 힘이 강해졌다.

아테네 출신 장군이며, 훗날 역사 연구에 유용한 기록을 많이 남긴 역사가로 유명한 투키디데스(미국식 표기는 Thukydides, 원어 표기는 Thucydides)는 이 시기를 "아테네의 세력이 커지면서 이를 시기하고 막으려는 스파르타의 경계심이 커진" 시기라고 했다. 이 때문에 기원전 431년부터 기원전 404년까지 27년 동안 이어진 펠로폰네소스전쟁이 일어났다.

전쟁이 일어난 직접적인 원인은 케르키라와 코린토스의 싸움에 아테네가 끼어들었기 때문이다. 무역업을 해서 잘살게 된 코린토스는 아테네의 힘이 커지는 것이 두려웠다. 이때 코린토스와 케르키라 간에 분쟁이 일어나자 아테네는 케르키라 편에 섰다. 그러자 아테네의 팽창에 불만을 품고 있던 많은 도시국가들이 아테네에 대항하기 시작했다. 기원전 431년 코린토스가 앞장서서 여러 도시국가들과 펠로폰네소스동맹을 결성한 다음 스파르타를 끌어들여 전쟁을 시작했다.

그로부터 27년에 걸쳐 전쟁이 지속되는 동안 당시 주변국 중에서는 가장 강한 육군을 간판으로 내세운 스파르타와 무적함대 해군을 내세운 아테네는 10년 동안 전쟁을 벌이다가 기원전 421년에 휴전했다. 이 휴전은 8년 동안 지속되었으나 아테네가 시실리에 원정군을 파견했을 때 스파르타가 간섭하면서 깨지고 말았다. 시실리 원정에서 진 아테네가 전의를 다질 틈도 주지 않고 스파르타는 아테네의 데켈레아를 공격해 점령해버렸다. 두 나라는 다시 전쟁에 휩싸였다. 기원전 405년에 무적함대인 아테네 해군이 아이고스포타미해전에서 지면서 델로스동맹의 도시국가들도 아테네에게서 등을 돌렸다. 상황이 불리하게 돌아가자 아테네에서도 혼란이 일어나 기원전 404년에 스파르타에 항복하면서 아테네는 멸망하고 말았다. 그 뒤로 아테네는 정치에서는 힘을 잃고 문화의 중심지로서만 명맥을 이어갔다.

펠로폰네소스전쟁에서 아테네 해군은 막강한 힘을 발휘하고 있었다. 당시 아테네 군대를 지휘하고 있던 페리클레스는 육군 대신 해군에 너무 치중했기 때문에 전쟁 초기에 주도권을 잡지 못했다. 이전까지는 육군과 육군이 만났을 때 밀집 대형으로 맞서서 속전속결로 승부를 내는 것이 전쟁의 주된 형태였다. 그러나 이 전쟁은 기간이 긴 새로운 형태의 전쟁이었다. 아테네군은 작전도 실패했지만, 전쟁 중에 예상하지 못한 전염병이 발생했기 때문에 전쟁에서 지고 말았다. 기원전 431년부터 10년 동안 두 나라는 비슷한 힘을 갖고 있었기 때문에 페리클레스가 해군에 치중하는 잘못된 작전을 폈어도 아테네는 충분히 이길 수 있는 전투력을 가지고 있었을 것으로 짐작되지만 실상은 그렇지 못했다.

기원전 430년 여름이 시작될 무렵 아테네를 강타한 질병은 3년간 기승을 떨치다가 기원전 427년이 되어서야 사라졌다. 펠로폰네소스전쟁 때 유행한 이 질병을 투키디데스가 자세하게 기록했기 때문에 "아테네 전염병" 또는 "투키디데스 전염병"이라고 부른다.

스파르타 군대가 쳐들어오자 아테네 시민들은 도시의 중심부로 몰려들기 시작했다. 위생관념이 전혀 없던 시대에 갑작

스레 원인 모를 전염병이 돌자 군인을 포함해 아테네 시민 3분의 1이 졸지에 목숨을 잃었다. 게다가 전쟁 초기부터 전투력이 약해지고 사기가 떨어져 전쟁은 새로운 양상으로 진행되었다. 초전박살을 노린 페리클레스의 작전이 빗나가자 27년 동안 이어지는 지루한 장기전으로 접어든 것이다. 결국 전쟁이 길어지면서 전염병으로 죽는 사람들이 점점 더 늘어났다.

투키디데스는 이 전염병에 대해 많은 정보를 전해준다. 사람들은 이 전염병이 에티오피아에서 시작돼 이집트를 거쳐 지중해 동부로 퍼졌다고 믿었다. 첫 환자는 아테네의 항구 도시 페이라에우스에서 나타났다. 이 도시는 여행자들과 상인들이 많이 모이는 곳이기 때문에 의심할 여지없이 멀리서 온 여행자가 질병을 옮겼을 것이다. 당시 기록을 보면, 에티오피아에서 아테네로 오는 길에 같은 질병이 생겼음을 알 수 있다.

질병에 걸린 사람은 머리가 심하게 아프고, 눈이 충혈되며, 입과 목구멍에서 피가 나는 등의 증상이 나타났다. 기침, 콧물, 가슴 통증이 뒤따랐으며, 위경련, 심한 구토, 설사, 참을 수 없는 갈증 등의 증상도 있었다. 피부에는 붉은 반점이 생겼고, 정신착란에 빠지기도 했다. 보통 병에 걸린 사람은 7~8일이 지나 사망했고, 조금 더 버틴 사람들도 설사가 멈추지 않아 몸이 약해져 결국 목숨을 잃었다. 운 좋게 목숨을 건진 사람들도 시력과 기억을 잃거나 팔다리를 제대로 움직일 수 없었다.

아테네 사람들은 자신이 병에 걸릴까 봐 환자를 돌봐주지 않았고, 친구와 가족의 장례식에도 가지 않았다. 투키디데스는 "가족이 있다 해도 아무도 돌봐주는 사람이 없어 죽는 경우가 많았고, 시체를 거리에 그대로 내버려두어도 동물과 새가 건드리지 않았다"고 적어 놓았다. 전염병을 피해갈 수 있는 사람은 아무도 없었다. 어린아이나 노인, 부자나 가난뱅이, 건강한 사람도 전염병에 걸려 죽었다. 한편 전염병을 이겨낸 사람들은 면역기능이 높아져서 다시 병에 걸려도 목숨을 잃지는 않았고 증세도 완화되었다.

투키디데스가 질병을 아주 자세하게 기록했지만, 지금까지도 학자들은 이 전염병이 어떤 종류인지 결론을 내리지 못했다. 어떤 학자는 갑자기 발병하고 계절과 날씨의 영향을 받으며 붉은 반점이 생기는 것으로 보아 두창(천연두)이라고 하고, 또 어떤 학자는 페스트와 장티푸스라고 한다. 다른 역사 기록을 검토해본 투키디데스는 이 전염병은 이전에 아테네에서 한번도 본 적이 없는 새로운 병이라고 했다. 질병의 양상이 시대에 따라 변할 수 있다는 점을 감안해볼 때 이 질병의 종류가 무엇인지는 영원히 수수께끼로 남을 가능성도 있다.

이 전염병은 처음부터 위력이 대단했다. 사람들은 전쟁보다 병에 전염될까 봐 더 두려워했다. 작전을 책임지고 있었으나 전염병에 대한 상식이 거의 없는 페리클레스는 도시의 성벽이 역병과 스파르타의 공격을 막아주기를 기대하면서 도시 주변에 있던 아테네 시민들에게 도시 안으로 들어오라고 명령했다. 그러자 아테네 중심부는 사람들이 몰려들어 과밀 상태가 되었다. 환기가 잘 되지 않는 오두막과 텐트를 제외하면 지낼 곳이 마땅치 않았다. 이렇게 사람이 밀집되다 보니 더운 여름에 질병이 빨리 퍼질 수밖에 없었다.

기갑부대 1,000명 중 300명이 죽은 것을 포함해 육군의 약 4분의 1이 전염병이 돌자마자 사망했다. 기원전 430년 6월, 전염병이 더 번지기 전에 원정대를 도시 밖으로 내보내기로 했으나 이들은 면역력이 없는 군인들이었다. 스파르타의 지배를 받고 있던 펠로폰네소스의 에피다우루스로 가던 병사들은 전염병에 걸려 하나둘 쓰러지기 시작했다. 도시를 떠나기도 전에 환자와 사망자가 생겼고, 전투력을 잃은 아테네 군대는 북쪽으로 이동해 이미 진을 치고 있던 병사들을 돕기 위해 마케도니아 근처로 갔으나 아군에게 질병만 옮기고 말았다. 원인 모를 전염병은 이미 아테네 중심부뿐만 아니라 도시국가 전체에 퍼져 있었다.

아테네를 제외한 그리스 도시에서는 다행히 전염병이 크게 퍼지지 않았다. 하지만 사기가 떨어진 아테네 시민들은 신에게 버림받았다고 생각해 전쟁에 이기기보다는 돈을 마구 쓰면서 쾌락만 좇았다.

전쟁은 전염병 때문에 전투력이 크게 떨어진 아테네군이 스파르타 군대와 전투를 벌이는 것보다 전염병을 피해 다니는 양상으로 전개되었다. 3년이 지나 전염병이 사라지자 아테네 시민들은 서서히 예전 생활로 돌아갔지만 인구가 너무 많이 줄어들어 군사력이 더욱 약해졌다.

결국 아테네가 승리할 것이라는 예상은 보기 좋게 빗나갔다. 전쟁이 장기전 형태로 전개되면서 접전은 벌이지 않고 시간만 끌다가 기원전 421년에 평화조약을 맺었다. 이때까지를 펠로폰네소스 1기 전쟁이라 한다. 그 뒤 약 8년에 걸친 2기 전쟁에서 아테네와 스파르타는 맞부딪히지 않았으나 기원전 413년에 시작된 3기 전쟁에서 아테네가 패함으로써 아테네는 역사에서 사라졌다.

전쟁의 판도를 바꾸어 버린 질병의 힘을 경험한 아테네 시민들은 그들이 믿는 신보다 질병을 물리칠 수 있는 신을 찾았다. 기원전 420년 아테네에는 치유의 신 아스클레피우스를 믿는 신흥종교가 생겼다. 신자들 중에는 소포클레스와 소크라테스도 포함되어 있었다.

전쟁 초기에 그리스 군대를 이끈 페리클레스도 전염병의 희생자가 되어 제대로 싸워보지도 못하고 세상을 떠났다. 북아프리카에서 갑자기 찾아온 전염병이 아니었다면 아테네가 스파르타를 전쟁 초기에 물리쳤을 것이고, 그랬다면 세계사는 다른 방향으로 전개되었을 것이다.

카르타고전쟁

카르타고는 고대 페니키아 사람들이 오늘날 북아프리카 튀니지만 북쪽 연안에 건설한 도시 이름이자 도시국가다. 로마 사람들은 이들을 포에니라고 불렀는데, '페니키아 사람'이라는 뜻이다. 대략 기원전 720년 무렵에 건설된 것으로 추측하며, 기원전 3세기까지 지중해 주변에서 점점 세력을 넓혀 갔으며 상업 무역에 뛰어났다. 카르타고라는 말은 로마어로 '새로운 도시'라는 뜻이다.

아프리카 대륙에 있지만 그런대로 비옥한 땅을 가지고 있던 카르타고는 지중해에서 해상무역을 해서 상업 중심지로 발전했다. 기원전 6세기 무렵에는 서지중해의 무역을 완전히 지배했고, 여러 섬을 세력권에 넣었다. 이중에는 시실리도 들어 있었다.

해상권을 장악한 다음 계속 세력을 넓혔으며, 기원전 6세기부터 거의 300년 동안 그리스와 지중해에서 영향권을 넓히기 위해 끊임없이 전쟁을 했다. 기원전 3세기부터는 로마와 충돌하기 시작해 3차에 걸친 포에니전쟁을 벌이기도 했다.

이와 같이 수백 년에 걸쳐 카르타고가 주변 나라들과 분쟁을 일으키고 전쟁을 치르는 동안 원인을 알 수 없는 질병이 생겨 큰 피해를 입었다는 기록이 있다. 바로 기원전 396년에 일어난 사건으로, 당시 카르타고는 그리스와 전쟁을 하고 있었다. 그런데 시실리에 있는 그리스 도시 시라큐즈를 포위하고 있던 카르타고 군대에 전염병이 퍼졌다. 적군들이 전염병으로 죽어 전투력이 크게 떨어지자 시라큐즈의 지도자 디오니시우스는 기습 공격을 했다.

시실리 출신의 그리스 역사가 디오도루스는 이때 발생한 질병의 증상은 목구멍에 통증을 동반한 타 들어가는 느낌이 있고, 음식을 삼키는 경우 통증이 심해지며, 전신 피로, 설사,

환상과 환청이 발생하고 피부에는 농포가 생긴다고 기록했다. 미국의 역사가 진서는 투키디데스가 기록한 역병과 비슷하다고 주장했다. 진서는 두 전염병 모두 심한 두창(천연두)이라 생각했고, 증상이 나타난 뒤 대략 일주일 정도 지나면 사망하는 공통점이 있다고 했다. 그러나 다른 많은 학자들은 수세기가 더 지날 때까지도 아프리카, 유럽, 아시아에서는 두창이 나타나지 않았다고 주장하기도 한다.

비록 디오도루스가 이 전염병은 카르타고 군대가 종교 시설을 약탈하자 신이 벌을 내린 것이라고 했지만, 질병이 유행하게 된 다른 요소들도 기록해 놓았다. 그는 아주 덥고 건조한 날씨와 해뜰 무렵에는 시원하고 낮에는 더운 늪지대에 카르타고 군대가 주둔했기 때문이라고 밝혀 놓았다.

시실리를 점령한 카르타고인들은 아주 적대적인 방법으로 주민들을 통치했다. 이와 같은 강압적인 통치 방식에 반기를 든 시실리 사람들은 호시탐탐 독립의 기회를 노리고 있었다. 때마침 그리스와 일전을 벌이고 있던 카르타고 군대에 예상치 못한 질병이 유행함으로써 카르타고의 전투력이 크게 약화되었다. 그러자 이를 놓치지 않은 시실리 사람들은 지도자 디오니시우스가 이끄는 대로 반격을 했다. 그리하여 의외로 손쉽게 카르타고 세력을 몰아낼 수 있었고, 시실리 사람들은 신이 자신들을 위해 카르타고군에게 질병을 퍼뜨려준 것이라 여겼다.

알렉산더의 사망 원인

기원전 356년에 알렉산더는 마케도니아왕 필립포스 2세의 아들로 태어났다. 알렉산드로스 3세라고도 하는 알렉산더는 정복 전쟁에 여념이 없던 아버지를 따라다니면서 자라났다. 아버지에게 나라를 통치하는 법과 전쟁에 필요한 여러 가지 지식과 전술이나 행정 따위의 실제적인 일을 배웠다. 기원전 338년, 열여덟 살이 되었을 때 그리스와 싸운 카이로네이아전투에 직접 참가하기도 했다.

당대 최고 학자인 아리스토텔레스는 필립포스 2세의 초청을 받아 마케도니아의 수도인 펠라의 궁전에서 3년 동안 알렉산더의 스승이 되어 여러 가지 학문을 가르쳤다. 이 때문인지 그리스를 정복한 알렉산더는 그리스 문화에 바탕을 둔 헬레니즘 문화를 곳곳에 전파했다.

알렉산더는 전쟁터에서 아버지가 암살당한 뒤 스무 살 나이에 왕위에 올랐다. 그는 재위 초기에 테베에서 반란이 일어나자 이를 토벌한 뒤 테베시의 모든 시민을 노예로 팔아버리면서 이름을 떨치기 시작했다.

알렉산더는 기원전 334년에 페르시아 원정을 위해 소아시아로 건너갔다. 그라니코스 강변에서 페르시아군을 쳐부순 뒤 페르시아가 지배하고 있던 그리스의 여러 도시를 해방했다. 오늘날 북시리아 땅을 공략하기도 했다. 아무도 파죽지세로 몰려오는 알렉산더의 군대를 막지 못했다. 집권 초기에 페르시아가 제물이 되었고, 시리아, 페니키아, 이집트가 모두 그의 손에 들어갔다. 오늘날 이집트에서 카이로 다음으로 큰 알렉산드리아는 그의 이름을 딴 약 70개의 도시 가운데 가장 유명한 곳이다. 이 밖에도 여러 곳에 자신의 이름을 딴 도시를 건설하기도 했다. 알렉산드리아에 당시에 가장 큰 도서관을 건설하는 등 헬레니즘 문화를 전파했다.

기원전 330년에는 다시 바빌론 지방을 공격해 페르시아 군대를 격파했고, 여러 도시를 자신의 세력권에 넣는 데 성공했다. 알렉산더의 정복 전쟁은 동쪽으로 계속 이어져 오늘날의 이란을 지나 인도까지 쳐들어갔다. 그러나 오랫동안 먼 거리를 이동하면서 기후에 적응하기 힘들었고 또한 열대병으로 추정하는 질병이 병영 안에 퍼졌기 때문에 하는 수 없이 군대를 돌려 기원전 324년에 메소포타미아에 있는 페르세폴리스로 돌아왔다.

기원전 323년, 동방 정복을 위해 다음 원정을 준비하던 알렉산더는 갑자기 세상을 떠났다. 정복군주로 널리 알려진 알렉산더는 13년 동안 재위하면서 그리스 문화를 곳곳에 전파해서 헬레니즘 문화의 형성과 발전에 큰 역할을 했다. 그가 죽은 뒤 제국은 마케도니아, 이집트, 시리아로 나뉘었다. 건강하던 알렉산더의 갑작스런 죽음을 두고 호사가들이 입방아를 찧었지만, 짧았던 알렉산더의 시대는 이미 끝난 다음이었다.

알렉산더는 기원전 323년 6월 10일, 바빌론의 한 도시에서 세상을 떠났다. 세상을 떠나기 전, 그는 2주일간 고열에 시달렸다. 당시는 물론 수백 년이 지난 후까지 많은 학자와 의학자들이 사인을 알아내기 위해 노력했으나 의견이 엇갈렸을 뿐 결론이 나지 않았다. 왜냐하면 임상 정보가 아주 부족했기 때문이다. 그의 질병을 유추할 수 있는 자료에는 몇 가지 증상만 기록되어 있다.

독살설

2세기에 아리아누스는 『알렉산더의 역사 *History of Alexander*』에서 그가 사망한 원인으로 주변 인물인 이오라스 또는 미디오스가 독살했다는 설을 제기했다. 그러나 알렉산더 시대에 독약으로 알려진 것은 거의 없었기 때문에 이 설을 인정하기 어렵다. 당시에 사용된 식물 살리실산염은 사람 몸에 온도 조절 장애를 일으키고, 알칼로이드는 발한 작용, 맥각(ergot) 독소는 열에 대한 이상 감각을 일으킬 수 있지만 알렉산더의 증상과 비교해 볼 때 이 물질에 의한 독살설을 뒷받침할 수 있는 근거가 되지는 못한다. 위에서 나열한 독성 물질은 모두 오랫동안 고열을 일으킬 수도 없고, 살인을 위해 사용한 예도 없다.

플루타르크는 알렉산더를 치료하기 위해 아리스토텔레스가 비소를 구해주었다고 기록했지만 이 또한 신빙성에 의문이 있으며, 비소 중독에 의한 사망설도 근거가 희박하다.

급성 췌장염

1997년에 그리스 의사 스바로니스가 주장한 이론이다. 알렉산더가 병에 걸려서 죽을 때까지 14일 동안의 일을 기록한 것을 검토한 다음 그가 내린 결론은 다음과 같다.

"알렉산더대왕이 그랬던 것처럼 식사를 많이 하고 술을 마시면 급성 췌장염에 걸릴 수 있다. 병에 걸린 날 의사는 심각한 상태라고 판단했지만 알렉산더대왕은 둘째 날에도 술을 많이 마셨다. 14일 동안 병이 진행되는 양상을 보면 급성 췌장염 같다. 구토, 열, 한기가 같이 오면서 급성 복통이 가슴 쪽으로 퍼지는 것이 급성 췌장염의 특징이다. 괴사성 췌장염일 때는 패혈증이 생길 수 있고, 병이 진행되면 여러 기관에 이상이 생길 수 있다."

감염 질환

알렉산더는 인도 원정을 갔다가 바빌론으로 돌아오는 길에 사망했다. 유프라테스강 유역(바그다드에서 90km 거리)에 있는 바빌론은 동쪽에 늪지대가 있고, 새와 동물과 곤충이 많았다. 오늘날 이라크에서 볼 수 있는 리슈만편모충증, 림프절페스트, 출혈열 등은 알렉산더가 세상을 떠나는 날까지 역사책에 등장하지 않았다. 알렉산더가 이끌고 간 군대의 구성원이 대부분 마케도니아 출신이고, 그리스를 비롯한 정복 지역 출신의 병사가 일부를 이루고 있었으므로 특정 지역으로부터 유래한 질병이 전파될 가능성은 있었지만 이 군인들에게 전염병이 유행했다는 증거는 남아 있지 않다. 알렉산더의 병을 기록해 놓은 책에서 붉은 반점, 황달, 구토, 설사, 혈뇨증, 간질이 있었다는 기록을 볼 수 없으므로 감염 질환을 의심할 수 있지만 증거를 찾기 어렵다.

(1) 말라리아

지금까지 알렉산더의 사망 원인으로 가장 많이 거론된 것이 말라리아다. 실제로 많은 책에서 알렉산더가 말라리아로 사망했다고 기록해 놓았지만 사실인지 아닌지 확실히 밝혀지지 않았다.

유럽인들이 근대 이후 제국주의를 펼쳐나갈 때 가장 문제가 되었던 것이 말라리아를 비롯한 열대성 풍토병이었다. 비슷한 맥락에서, 유럽을 벗어나 아시아로 나아간 알렉산더가 당시 가장 문제가 되었던 말라리아에 걸려 사망했다고 추측하는 것이다.

실제로 계속 열이 나는데도 춥고, 피로를 느끼고, 근육통이 있고, 서서히 몸이 약해지고 정신이 몽롱해지며, 감각이 떨어지고 정신착란에 빠지는 증상은 말라리아와 비슷하다. 그러나 알렉산더에게서는 검정색 소변이나 주기적으로 오르내리는 열이 나타나지 않았다. 오늘날 이라크에서 발생하는 대부분의 말라리아는 우리나라에서도 볼 수 있는 삼일열원충 때문인데, 사망률이 낮은 편이다.

알렉산더가 말라리아에 걸려 사망한 것이라면 열대열 말라리아일 가능성이 높다. 하지만 열대열 말라리아에 걸렸을 때는 체온 변화가 크게 없기 때문에 이 병에 걸렸을 가능성은 낮다. 실제로 20세기 후반 이후 의학자들은 알렉산더가 말라리아에 감염되어 사망했다고 보지 않는다. 다만 역사책에서 주로 거론되고 있을 뿐이다.

(2) 장티푸스

알렉산더가 장티푸스 합병증으로 사망했다는 주장도 있다. 1998년에 미국의 올다크가 다시 발표하면서 내놓은 이 주장은 여러 학자들에 의해 반론과 재반론이 이어지면서 알렉산더의 사망 원인을 찾기 위한 논쟁에 불을 붙였으나 의학자들의 합의에는 이르지 못했다.

올다크는 장천공과 상행마비 증상이 함께 나타나는 장티푸스 합병증인 장염으로 알렉산더가 사망했다고 결론 내렸다. 장티푸스를 주장하는 학자들은 알렉산더가 죽기 전 2주 동안 열성 질환으로 고생하다가 병이 심해져 뇌질환에 걸려 사망했다는 점을 강조한다. 그러나 뇌염, 심내막염, 폐렴, 앵무병, 리케차 질환, 야토병 등도 계속 열이 나는 질병인 것은 마찬가지다. 장티푸스는 보통 한 달 동안 계속 열이 나지만 심한 경우에는 2주 만에 병자를 사망으로 이끌며, 3주 정도 지나면 신경계를 침범해 정신착란이나 이해할 수 없는 행동을 유발하기도 한다. 그 밖에 기침, 코피, 혈변이 나타나기도 한다. 그러나 이와 같은 증상을 플루타르크가 남긴 기록과 대조해 보면 사뭇 다르다는 것이 반대론자들의 주장이다.

(3) 기타

기생충 질환의 하나인 방광 주혈흡충은 고통이 없는 혈뇨가 나오고, 빈뇨, 요실금, 배뇨 곤란 따위의 증상을 일으킨다. 기생충 알이 기생충 알이 골수에 들어가거나 신경을 건드리면 골수염이나 마비를 일으켜 환자가 사망하기도 한다. 유충에 감염되면 가렵고, 급성 감염일 때는 가타야마열이 나서 혈청병을 일으키지만, 열은 심하지 않고 가려운 종창이 생긴다. 그러나 알렉산더에게는 이 같은 증상이 나타나지 않았다.

렙토스피라증에서 볼 수 있는 증상은 알렉산더의 증상과 같지만 열이 날 때의 양상이 달랐으며 장딴지와 허벅지 통증, 황달, 출혈, 호흡 계통 증상 등이 그에게는 나타나지 않았다.

아칸트아메바는 지역에 상관없이 감염될 수 있지만, 면역 기능이 떨어진 사람에게 잘 생긴다. 뇌염으로 발전해 사망에 이르려면 만성으로 진행해야 하므로 갑자기 세상을 떠난 알렉산더가 걸린 병은 아니다.

알렉산더처럼 자주 과음을 하는 사람들이 비브리오 패혈증에 걸리면 빨리 사망할 수 있다. 이때 피부와 근육에 병변이 일어나면서 출혈이 생길 수 있으나 알렉산더에게는 그런 증상이 나타나지 않았다.

(4) 웨스트 나일 바이러스 감염

2003년 미국의 칼리셔는 알렉산더가 웨스트 나일 바이러스에 감염되어 사망했다고 주장했다. 이 주장은 아무도 발표한

적이 없는 새로운 이론이다.

웨스트 나일 바이러스 감염 환자를 처음 발견한 것은 1937년에 우간다에서였다. 우리에게 잘 알려져 있는 일본뇌염과 마찬가지로 모기가 전파해 뇌염을 일으키는 여러 바이러스 중 한 종류다. 이 바이러스에 감염되면 뇌에 염증이 생기며, 특히 노인이나 근육이 약한 사람에게는 더 치명적인 증상이 나타난다. 조류나 포유류에서도 바이러스가 잠복하고 있는 것을 쉽게 발견할 수 있다.

가장 큰 문제는 이 바이러스에 감염되면 특별한 치료제나 예방 백신이 없다는 것이다. 예방법은 말라리아나 황열과 마찬가지로 모기에 물리지 않는 것뿐이다. 하지만 인류 역사와 함께 해온 모기에 물리지 않는 것은 불가능하고, 모기 서식지를 몽땅 없애버릴 수도 없으며, 온 지역에 DDT를 뿌릴 수도 없으니 해결책은 없다.

해마다 봄이 되면 티그리스강과 유프라테스강 유역에 홍수가 자주 일어나 모기가 가장 살기 좋은 환경이 만들어진다. 알렉산더가 갑작스럽게 병에 걸린 시기가 5월이라는 점에서 웨스트 나일 바이러스에 감염됐을 가능성은 낮다. 왜냐하면 최근에 이스라엘에서 발생하는 웨스트 나일 바이러스 감염은 주로 8월에서 9월에 나타나며, 5월에 생기는 경우는 아주 드물기 때문이다.

1941년에 이스라엘 텔아비브의 육군 주둔지에서 발생했을 때만 해도 사망자는 보고되지 않았다. 그로부터 약 60년간 이

스라엘과 그 주변 국가에서 환자가 나타나곤 했다. 1990년대 초까지는 아프리카, 아시아, 유럽에만 나타났다. 미국에서는 1999년에 처음으로 웨스트 나일 바이러스에 감염된 환자가 보고되었지만 우리나라에는 지금까지 웨스트 나일 바이러스에 감염된 환자가 한 명도 보고되지 않았다.

오래 전 중동 지방에서 시작된 웨스트 나일 바이러스 감염은 인류 역사에 큰 영향을 끼치지는 못 했지만 철새들의 이동을 따라 아주 느린 속도로 범위를 넓혀 갔다는 것이 칼리셔의 주장이다. 그리하여 20세기 말에 마침내 미국에 상륙하면서 전 세계의 관심을 끌게 되었다.

21세기에 들어서면서 미국에서는 여름만 되면 뉴스 시간마다 웨스트 나일 바이러스 감염 환자가 늘어나고 있다는 소식을 자세히 소개한다. 매스컴에서는 "바이러스를 퍼뜨리는 주범인 새들이 감염된 사례가 예년에 비해 적으므로 올해는 이 바이러스에 감염된 사람 수가 줄어들 것으로 예상한다"고 보도한다.

미국에서는 2002년까지 모두 4,000건 이상의 감염 사례가 보고되었으며, 약 200명이 목숨을 잃었다(발표되는 통계 자료에 따라 숫자는 차이가 있다). 가장 피해가 심했던 2002년에는 습지가 적은 서부 6개 주를 뺀 모든 주에서 감염자가 발생했다. 다행히 2003년이 지나서부터 발생 환자 수가 줄어들고 있고, 분포 지역 확산이 소강상태를 보이고 있다.

칼리셔는 알렉산더가 웨스트 나일 바이러스에 감염되어 사망했다는 주장의 근거로 다음과 같은 플루타르크의 기록을 인용했다.

"알렉산더가 도시의 성벽 앞쪽에 다다랐을 때 수많은 갈까마귀 떼가 날고 있는 것을 보았으며, 이 갈까마귀 중에는 다른 갈까마귀를 쪼아 먹는 놈도 있었다. 일부는 알렉산더 앞에 떨어져 죽기도 했다."

1999년 뉴욕에서는 갈까마귀 대신 까마귀들이 널리 퍼져 살고 있었으며, 웨스트 나일 바이러스에 쉽게 감염되었다.

또한 칼리셔는 이렇게 주장하고 있다.

"알렉산더는 바빌론에서 2주 동안 열과 뇌염으로 고생하다 세상을 떠났다. 우리는 이제 이라크의 풍토병이 된 이 질병이 고대 메소포타미아에도 있었다는 것을 안다. 그러나 과거에 바빌론 성벽 밖에 있는 갈까마귀 떼에 관심을 갖는 것은 엉뚱해 보였을 것이다. 그러나 이것이 실마리가 될 수도 있다. 만약 이와 같은 관찰 기록에 관심을 기울였다면 웨스트 나일 바이러스 발견이 빨라졌을지도 모를 일이다. 근육이 이완되고 마비되면서 발생한 뇌염은 의학자들의 관심을 끌 만한 소견이다.

기원전 3세기에 웨스트 나일 바이러스가 메소포타미아 지역에 출현해 새가 감염되고, 때때로 사람을 감염시켜 열성 질병을 일으켰을 것이다. 그 뒤 시간이 지나면서 새 몸속에 들어간 바이러스는 치명적이지 않았지만, 사람 몸속에서는 다르게 변해 생명을 위협하게 했다. 추론이기는 하지만 이렇게 오랫동안 존재해온 바이러스가 1999년에 새로운 세계인 미국으로 전파되었다."

알렉산더가 사망한 원인으로 제기된 수많은 질병 중에서 말라리아, 장티푸스, 기생충 감염, 웨스트 나일 바이러스 감염 등은 모두 전염병이다. 약관의 나이에 왕위에 올라 정적을 제거하고, 나라의 영역을 넓히는 데 대단한 능력을 발휘한 지휘관의 목숨을 빼앗아간 전염병은 전쟁의 판도는 물론 세계사의 흐름을 완전히 바꾸어 버렸다.

수많은 정복 전쟁을 모두 승리로 이끈 마케도니아 출신의 알렉산더가 혈기왕성한 서른세 살에 원인 모를 병에 걸려 갑자기 세상을 떠나지 않고 장수했다면 세계사는 어떻게 바뀌었을까?

신이 내린 벌인가, 신의 선물인가

십자군전쟁과 전염병

  기원전 4~5세기에 활약한 히포크라테스의 뒤를 이어 2세기 로마에서 의사 갈렌이 뛰어난 업적을 남겼다. 그러나 그 뒤 중세 유럽에서는 의학이 그다지 발달하지 못했다. 주로 수도원에서 의술을 담당하고 있었다.

  11세기에 접어들자 가톨릭 교단에서는 수도원에서 의술을 담당하지 못하도록 명령을 내렸다. 그러나 11세기 말부터 약 200년간 이어진 십자군전쟁이 시작되어 부상자들이 생기자 이들을 치료하기 위해 새로운 병원 수도회가 설립되었고, 여기에서 환자들을 돌보았다. 십자군전쟁이 시작되고, 병원 수도회가 설립되면서 이전의 유럽에서 볼 수 없었던 여러 종류의 질병과 이슬람 의학이 들어왔다. 십자군전쟁을 치르는 동안 동방에서 들어온 것으로 추정하는 페스트는 결국 중세가 몰락한 가장 큰 원인이 되었다. 전쟁이 전해준 질병이 인류 역사를 뒤바꾼 셈이다.

십자군전쟁이 벌어지는 도시 곳곳에서 예기치 못한 질병이 나타나서 판세에 영향을 주곤 했다. 여기서는 전쟁 기간 동안 질병의 영향을 크게 받은 대표적인 다섯 도시의 모습을 살펴보기로 한다.

안티옥

1098년 여름에 장티푸스로 의심되는 전염병이 돌아 십자군에게 큰 폐해를 일으키는 일이 일어났다. 시리아 북부에 있는 셀주크 투르크의 요새는 십자군이 예루살렘으로 가는 길에 잠깐 머물다 가는 곳이었다. 그러나 성스러운 도시 예루살렘으로 가는 먼 여정은 몇 달 동안 연기되었다. 1차 십자군전쟁(1095~1099) 동안 많은 병사들이 질병에 걸렸기 때문이다.

1097년 10월, 안티옥Antioch에 도착한 십자군은 이 도시가 요새화되어 있는 아주 큰 도시라는 것을 알았다. 도시 안에 있는 셀주크 투르크인들이 여러 개의 대문으로 음식과 생활필수품을 들여오는 동안 굶주린 십자군은 40~50마일 멀리 떨어진 곳까지 음식을 찾아 헤맸다. 춥고 습기가 많은 겨울 날씨 때문에 먼 타국에서 온 병사들은 기진맥진했다.

십자군이 6월 초 기습 공격을 해서 안티옥을 점령했다. 그러나 며칠 지나지 않아서 케르보하가 이끄는 투르크군에게 포위되었다. 여러 주일 동안 음식을 공급받지 못한 십자군은 너무나도 약해져 경계근무를 하는 일조차 힘들어했다. 그러나 하나님에 대한 믿음으로 똘똘 뭉친 십자군은 마지막 힘을 모아 6월 28일에 공격을 개시했고, 도시 밖의 평야에서 케르보하의 군대를 쫓아 버렸다.

전투에서 이겼지만 십자군의 고통은 끝나지 않았다. 전염병이 병사들에게 퍼지기 시작한 것이다. 게다가 병원체가 전파되기 적당한 더운 여름 날씨가 십자군을 괴롭혔고, 군수품도 절대적으로 부족해 병을 이겨내기 어려웠다.

질병의 원인으로는 장티푸스, 괴혈병, 말라리아 등을 의심할 수 있지만, 초기 십자군의 기록에는 질병의 원인이 밝혀지지 않았다고 되어 있다. 결과는 아주 치명적이었다. 수많은 군인들이 사망했고, 로마교황의 사절인 아드히머 주교를 비롯해 프랑스 영주 몇 사람도 목숨을 잃었다. 특히 여자들(십자군을 따라 온 아내, 하녀, 매춘부, 안티옥에 살던 기독교 여신도)의 피해가 컸다. 날마다 30~40구의 시체를 묻어야 했다.

전염병이 사라지기를 기다리면서(실제로 그해 9월에 사라짐) 많은 영주들이 각자가 데려 온 작은 부대를 이끌고 안티옥을 빠져나갔다. 안티옥을 떠난 십자군은 주변 도시를 습격하느라 바빴다. 전염병에 걸린 십자군은 안티옥 주변 도시인 마라에 주둔하고 있던 군대에 병을 옮겼다. 전염병과 기근에 지친 병사들은 도시에 불을 지르며, 빨리 안티옥을 떠나자고 지휘관을 협박했다. 이듬해 1월이 되어 영주들이 군대를 이끌고 예루살렘을 향해 출발한 후에야 그들은 질병의 고통에서 완전히 해방될 수 있었다.

아달리아

2차 십자군 원정(1147~1149) 시기인 1148년 초에 유행한 전염병은 프랑스의 루이 7세와 그가 보낸 기사들이 터키 아나톨리아 지방 해안에 있는 아달리아Adalia(오늘날 터키의 안탈야)를 떠나자마자 수천 명의 보병과 순례자들을 쓸어버렸다.

전쟁에서 진 십자군은 터키의 시리안시티를 공격해 되찾으려고 했다. 이 지역은 1차 십자군전쟁에서 프랑스가 차지해 40년이 넘도록 지배했으나 당시에는 셀주크 투르크가 지배하고 있었다. 프랑스왕과 독일의 콘라드 3세는 각각 병사들을 끌어 모아 이 신성한 땅을 차지하고자 했다. 1147년 10월 투르크는 아달리아로 오고 있던 콘라드의 군대를 전멸시켰다. 프랑스의 루이 7세는 군대를 많이 잃기는 했으나 우여곡절 끝에 아달리아에 다다를 수 있었다. 아달리아의 지형에 익숙한 셀주크 투르크는 프랑스 군대에게 틈을 주지 않고 기습 공격을 했다. 프랑스 군대는 좁고 위험한 산악 지역에서 고생했다. 게다가 셀주크 투르크는 가축을 아주 많이 방목해 농촌을 파괴했기 때문에 겨우 살아남은 십자군은 음식물과 생활필수품을 얻을 수 없었다.

1148년 1월 30일, 프랑스군이 아달리아에 도착했을 때도 상황은 나아지지 않았다. 이 도시를 통치하고 있던 비잔틴은 음식과 생활필수품을 너무 비싸게 팔려고 했다. 또한 루이 7세가 땅 위로 진군하는 것을 포기하고 항해를 해서 안티옥으로 가려고 했을 때, 비잔틴은 필요한 배와 필수품을 마련해주기로 약속했지만 지키지 않았다. 겨울비가 그칠 때까지 몇 주를 기다린 뒤에 루이 7세와 기사들은 새로 만든 배를 탈 수 있었다. 보병과 순례자들은 비잔틴의 호위를 받으며 남쪽으로 행군하기로 했다.

그러나 아달리아에 남아 있던 사람들에게 전염병이 퍼지기 시작했다. 2차 십자군 원정 동안 루이 7세가 종교의식을 위해 임명한 오도 목사는 전염병에 대해 거의 기록을 남기지 않았는데, 아마도 그가 왕과 함께 전염병이 돌기 전에 도시를 빠져나가 상황을 몰랐기 때문인 것 같다. 십자군들이 탈출하기 시작하자 전염병은 곧 도시 전체로 퍼졌고, 사망자가 늘어나면서 인구가 줄어들기 시작했다. 사망률이 높고 병이 빠르게 퍼졌다는 점, 항구로 들어오는 새로운 배가 있었다는 사실에서 수인성 전염병인 장티푸스나 이질일 것으로 추정할 수 있다.

이 전염병은 집단생활을 하고 있고, 체력과 건강 상태가 좋지 않은 병사들이 더 잘 걸렸다. 오도에 따르면 수천 명의 프랑스 군인들은 투르크 군사들이 무서워서라기보다 전염병이 두려워 이 도시를 떠나려고 발버둥쳤다. 그러나 그들은 탈출하지 못했고, 투르크의 공격을 받은 뒤에는 병에 걸리지 않은 군인들까지 대부분 목숨을 잃었다.

에이커

3차 십자군 원정(1189~1192) 때인 1189년 8월부터 약 2년 동안 비타민 C 결핍증인 괴혈병을 포함해 한 가지 이상의 질병이 에이커Acre에서 번져나갔다.

십자군전쟁이 벌어지는 내내 수시로 맹위를 떨친 기근과 전염병은 전쟁보다 더 큰 힘을 발휘해 기독교도들을 위협했다. 하지만 1191년 6월에 포위당한 이슬람 수비대가 항복하면서 기독교도들은 목표를 달성했다.

이보다 앞서서 프랑스가 지배하고 있던 에이커를 1187년에 이슬람 지도자 살라딘이 점령했고, 그해 예루살렘도 차지해버렸다. 살라딘의 정복에 놀란 유럽의 기독교 지도자들은 그로부터 2년 뒤 다음 십자군을 동원하기 시작했다. 오늘날의 시리아 땅을 잃은 프랑스는 서쪽에서 동맹군이 오기를 기다리지 않고 반격에 나서 1189년 8월에 에이커에 도착했다. 이탈리아와 덴마크에서 온 동맹군이 뒤쫓아 와 프랑스 군대에 힘을 보탰지만, 성스러운 땅을 되찾는다는 맹세를 한 영국 왕 헨리 2세와 프랑스 왕 필립 2세는 지원군을 보내지 않았다. 서로 오랜 기간 전쟁을 계속하고 있었기 때문이다.

그러는 동안 에이커를 포위한 군대가 궁지에 몰렸다. 이슬람 수비대는 용맹스럽게 계속 저항했다. 어느새 십자군이 살라딘의 군대에 포위를 당하고 말았다. 당시 십자군 병사들은 여러 가지 질병으로 고생하고 있었다. 프랑스 지휘관 루지낭의 아내와 두 자녀가 질병으로 세상을 떠났고, 시빌라의 여왕도 목숨을 잃었다.

지오프리가 기록한 것을 보면 괴혈병 증상이 나타났음을 알 수 있다. 1191년 겨울과 봄에 줄기차게 비가 내리는 동안 십자군은 가혹한 기근에 시달려 풀, 개가 먹다 남긴 뼈, 말까지 잡아먹었다. 그러자 전염병이 돌아 팔다리가 부어오르고, 이가 빠졌다. 병에 걸린 군인들 중 겨우 몇 사람만 살아남았다.

이러한 극한 상황은 몇 주 지나지 않아서 나아졌다. 프랑스 왕 필립 2세는 4월이 다 가기 전에 지원군을 데리고 왔고, 6월 초에는 헨리 2세가 사망한 뒤 영국 왕좌에 오른 리차드가 또 지원군을 데리고 나타났다. 그런데 영국 왕은 도착하자마자 병이 들어 심한 열이 나고, 머리카락과 손톱이 빠져버렸다. 아마도 심한 괴혈병이 병사들 사이에 여전히 돌고 있었던 것 같다. 그러나 영국과 프랑스 왕은 곧 회복해 군대를 다시 모았다. 리차드가 가지고 온 배 25척에는 음식과 무기가 가득 차 있었다. 이곳에 오기 전에 사이프러스를 정복해 얻은 전리품도 가득했다. 이것은 굶주림에 지쳐 있던 십자군에게 큰 힘이 되었다. 또한 프랑스 함대가 에이커 항구를 봉쇄하는 것을 도와주었다.

몇 주가 지나자 군수품을 지원받지 못한 이슬람 수비대는 더 버티지 못하고 1191년 6월에 항복함으로써 에이커는 기독교의 손안에 들어갔다.

다미에타

5차 십자군 원정(1217~1221) 때 괴혈병이 심하게 돌아 1218년부터 1219년까지 이집트 다미에타Damietta를 점령하고 있던 십자군의 15~20%가 목숨을 잃었다.

이슬람 제국이 차지하고 있던 나일 강 삼각주를 먼저 공격한 것은 예루살렘을 되찾으려는 십자군의 전략이었다. 이집트의 항구를 손에 넣음으로써 십자군은 이슬람 제국이 예루살렘을 내놓고 항구를 돌려달라고 간청하기를 바랐다.

1218년 봄, 십자군은 다미에타 반대편에 진을 쳤다. 다미에타는 나일 강 반대편에 있었고, 술탄 군대가 성벽 밖에서 이 도시를 보호하고 있었다. 강바닥에는 수많은 사슬을 쳐놓았고, 강 가운데에는 요새화된 탑이 십자군의 침입을 막고 있었다. 석 달 동안 노력한 끝에 십자군은 탑을 차지했고, 8월 말에는 쇠사슬을 잘라 없앴다. 십자군에게 진 이슬람군은 가라앉은 배로 강을 가로막으면서 전투를 계속했다.

여러 달이 지나도록 십자군과 이슬람군은 끝나지 않는 전투를 계속했다. 11월 말에 심한 폭풍우가 몰려왔는데, 마치 십자군 주둔지를 씻어내려는 듯 사흘 동안 비바람이 몰아쳤다. 홍수가 나서 텐트가 물에 잠겼고, 음식을 싹 쓸어가버렸으며, 배도 쓸려 내려갔다. 이슬람군도 피해를 당했지만 십자군은 피해가 더 컸다.

그런데 폭풍우가 지나가자마자 전염병이 십자군에 퍼졌다. 역사가들이 기록한 내용을 보면, 잇몸에 종창이 생기고 이가 빠지고, 다리가 부어오르며, 피부는 곪거나 궤양이 생겨 검게 변했다고 한다. 이러한 증상으로 볼 때 괴혈병을 의심할 수 있다. 또한 이 전염병으로 십자군의 5분의 1에서 6분의 1이나 되는 군인들이 사망했다고 한다. 또한 이중에는 설교를 통해 십자군에게 큰 위안을 주고 있던 로마교황의 공식 사절도 들어 있었다.

십자군을 곤경에 빠뜨린 전염병은 이슬람군과 다미에타 시민들에게도 퍼졌다. 게다가 술탄 군대 안에서 반란 음모가 밝혀지자 다급해진 술탄은 1219년 2월 초 군대에 퇴각을 명했다. 전염병으로 인한 이슬람군의 피해가 워낙 컸으므로 십자군은 아무런 저항도 받지 않고 나일 강을 건너 다미에타로 들어갈 수 있었고, 1219년 11월에 드디어 다미에타를 점령했다.

만수라

1250년 늦겨울과 초봄에 장티푸스와 괴혈병 그리고 다른 질병으로 보이는 전염병이 만수라Mansurah에 주둔하고 있던 십자군에 돌았다.

한 해 전에 프랑스 왕 루이 9세가 이끄는 군대가 나일 강 삼각주 동쪽에 있는 이집트의 다미에타를 손에 넣었다. 그 뒤에 병사들은 전염병에 걸렸다. 군사 작전도 실패했고, 이슬람과 계속 전쟁을 하느라 전투력은 약해질 대로 약해졌다.

처음 출발할 때는 조직이 탄탄했고 재정도 풍부했던 7차 십자군 원정(1248~1254)은 30년 전의 5차 십자군 원정(1217~12

21) 때 쓴 전략을 그대로 답습했다. 이집트의 항구를 먼저 점령한 다음 이슬람을 공격하겠다는 계획으로 십자군은 나일 강 삼각주에 이르러 1249년 봄에 포기했던 다미에타를 공격했다. 여름에 나일 강의 홍수를 피하고, 또한 프랑스가 보내기로 한 증원군을 기다리는 동안 루이 9세는 10월까지 군대가 다미에타에 머물도록 명령했다. 그리고 천천히 카이로가 있는 남쪽으로 이동했다. 끊임없이 이슬람의 기습 공격을 받으면서도 프랑스군은 이슬람이 지배하고 있는 만수라에 이를 때까지 계속 진군했다. 프랑스 군대는 6주 동안 나일 강둑 양편에 진을 쳤다.

강의 흐름이 빨라지고 있다는 것을 감지한 루이 9세는 기습 공격을 할 때까지 어느 쪽도 움직이지 않았다. 이때 수많은 십자군 병사들이 (아마도 출혈 때문에 생긴) 온몸에 붉은 반점이 생기는 병에 걸려 고통을 겪었다. 사흘 뒤 1250년 2월 11일, 이슬람이 반격하면서 격렬한 전투가 벌어졌다. 이틀 동안 벌인 전투에서 수많은 이슬람과 기독교도들이 목숨을 잃었다. 프랑스 역사가인 조엥벨은 죽은 군인들의 시체가 강둑 전체를 뒤덮었다고 기록했다. 그리고 썩은 시체에서 나는 악취가 산 사람을 감염시켜 누구도 건강하지 못했다고 써놓았다.

전염병은 나날이 심해졌고, 게다가 기근이 십자군을 덮쳤다. 이슬람군은 배 약 80척을 억류하고, 십자군에 공급하는 군수품이 오는 뱃길을 막아버렸다. 기독교도들은 사순절 기간 내내 먹을 것이 없어서 고생했다.

조엥벨은 이런 상황에서 전염병이 번졌다고 기록했다. 군사들은 다리의 살점이 썩어들어 가고, 피부는 흙처럼 검게 변했으며, 잇몸은 썩고, 코에서 피를 흘렸다고 적고 있다. 이것은 괴혈병 증상이지만 다른 질병도 돌았던 것으로 추측할 수 있다. 조엥벨도 나흘마다 반복해서 열이 오르내렸고, 분비물이 입과 코로 흘러내렸다고 기록했다. 군대에 머물러 있던 용감한 루이 9세는 괴혈병과 이질로 고생했다.

　　부활절까지도 전염병이 계속 돌아 먹을 것이 없자 이발사들이 죽은 사람들의 살을 잘라내 먹기 시작했다. 끔찍한 상황에 이르자 마침내 루이 9세는 다미에타로 돌아갈 것을 명령했다. 그는 병든 병사들과 함께 배에 올랐고, 배에 오르지 못한 병사들은 걸었다. 전투력은 거의 바닥이었기 때문에 추격해 오는 이슬람군에게 항복하고 말았다. 포로 신세가 된 루이 9세는 다미에타를 포기하고 거액의 배상금을 물어준 뒤에야 자유를 얻을 수 있었다.

신대륙에서 매독이 전파되었을까?

　　서양 세계에서는 위대한 탐험가로 존경받는 콜럼버스가 오늘날 그때와 똑같은 일을 한다면 전 세계 사람들에게서 비난을 받을 것이다. 천신만고 끝에 아메리카 대륙에 도착한 콜럼버스는 아메리카 인디언들의 도움으로 활력을 되찾은 후 무사히 고국으로 돌아올 수 있었다. 그로부터 5백여 년이 지난 지금, 콜럼버스의 후손들은 생명의 은인이었던 인디언들을 내쫓고 아메리카 대륙을 차지하고 있다.

콜럼버스가 신대륙을 발견하고 고국으로 돌아오면서 매독이 전해졌다고 알려져 있지만 근거가 확실하지 않다. 유럽에 매독이 처음 나타난 것은 이탈리아전쟁 때였다. 이탈리아전쟁은 16세기에 이탈리아의 지배를 둘러싸고 프랑스와 독일(신성로마제국) 사이에 일어난 전쟁이다. 그 시초는 1494년으로 거슬러 올라간다.

프랑스의 샤를 8세는 이탈리아를 침공한 뒤 나폴리를 지배하고자 했다. 프랑스의 야욕을 가로막고자 로마교황을 중심으로 신성로마제국의 막시밀리안 1세와 베네치아, 밀라노 등 이탈리아의 도시국가가 연합했고, 여기에 스페인까지 결합해 프랑스에 대항하는 동맹을 결성했다. 이 전쟁은 16세기에 네 번이나 일어났다. 매독은 전쟁 초기에 발생했다.

1494년 가을, 샤를 8세가 이끌고 간 군대는 대부분 프랑스, 스페인, 독일, 스위스, 영국, 헝가리, 폴란드 출신의 용병으로 구성되어 있었다. 그의 군대가 피렌체를 거쳐 나폴리를 침공하는 과정에서 국력이 약했던 이탈리아는 제대로 저항조차 해보지 못했다. 전쟁은 싱겁게 끝나 버렸다. 많은 여자들이 나폴리로 행군하는 군대를 따라갔다. 부대끼리 서로 여자를 바꿔가며 즐기는 것은 흔한 일이었다. 그러자 부대 안에 매독이 아주 빠르게 퍼져나갔다. 특히 프랑스 군대가 1495년 나폴리를 점령한 뒤에는 더욱 심했다.

막강한 힘으로 나폴리를 점령한 샤를의 군대는 프랑스로 돌아오려 했으나 뜻하지 않은 어려움을 겪었다. 군인들이 매독의 폭격을 맞은 것이다. 매독은 신체의 겉모습을 보기 싫게 바꾸어 혐오감을 주는 질병의 하나다. 매독에 걸린 군인들은 꼴사납게 변해갔다. 군대의 전투력은 약해질 대로 약해졌다. 1495년 봄, 마침내 프랑스 군대는 이탈리아에서 퇴각하기 시작했다. 그러자 매독에 걸린 군인들이 고국에 돌아가 병을 마구 퍼뜨렸다.

매독은 1495년 프랑스와 독일에서 위력을 떨쳤다. 그해 말 스위스에서 나타났고, 1496년에는 네덜란드와 그리스, 1497년에 잉글랜드와 스코틀랜드, 1499년에 헝가리, 러시아, 폴란드에 감염자가 생겼다. 매독은 유럽을 넘어서 세계 곳곳으로 퍼져나갔다. 포르투갈인들은 매독을 아프리카와 아시아에 전파했고, 1498년에는 인도에까지 퍼졌다.

매독이 처음 나타났을 때 새로운 질병이라는 것이 곧장 알려졌으나 그로부터 35년이 지날 때까지 제대로 정의되지 못했다. 매독(syphilis)이라는 단어는 이탈리아 의사인 프라카스토로가 1530년에 처음 사용했다. 그러나 오랫동안 이 단어 대신 이탈리아인들은 스페인병 또는 프랑스병, 프랑스인들은 이탈리아병 또는 나폴리병, 영국인들은 프랑스병, 러시아인들은 폴란드병, 아랍인들은 크리스트교도(christian)의 병이라 불렀다. 스페인 사람들은 특별한 이름을 붙이지 않았지만 그 병이 아메리카 원주민들에게서 전해졌다고 믿었다.

매독이 어디서 시작되었는지에 대해서는 아직도 논쟁을 벌이고 있다. 학자들 사이에도 매독은 콜럼버스가 아메리카 대륙을 발견한 다음 첫 번째 항해에서 돌아오기 전에 이미 퍼져 있었는지 아닌지에 대해 결론을 내리지 못했다. 이미 오래 전부터 존재하고 있던 스피로헤타균이 자연 변이를 일으켜 나폴리에서 매독을 유행시켰을 수도 있다. 또 콜럼버스가 항해할 때 배에 타고 있던 사람을 통해 유럽에 전해졌을 가능성도 있다.

의학역사학자들은 아메리카 원주민들의 뼈를 조사해 매독에 걸린 증거를 발견하기도 했다. 콜럼버스의 선원들은 아메리카 원주민들과 성관계를 아주 많이 했는데, 콜럼버스가 이사벨라 여왕에게 제출한 보고서에는 그 내용이 빠져 있다. 1492년에서 1493년까지 첫 항해를 마치고 돌아온 선원들 가운데 많은 사람들이 나폴리로 가는 샤를 8세의 행진에 합류했다. 불행하게도 이들 중 일부가 이미 감염되었을 가능성도 많다.

나폴리에서 발생한 매독이 그 전에는 없던 새로운 질병이라고 생각하는 이유가 있다. 그것은 피부 전체에 발진이 일어나는 것이 다른 생식기 질병에서 볼 수 있는 것과 다르다는 것이다. 게다가 두창이 생길 때와 비슷한 고열, 심한 두통, 뼈와 관절의 통증 따위의 증상이 훨씬 심했다. 이 병은 때로는 아주 치명적이었는데, 실제로 1498년, 27세의 나이로 요절한 샤를 8세의 사망 원인에 관해서도 매독이 유력한 후보로 거론되고 있다.

사람들은 매독에 걸릴 것을 두려워했다. 1496년에 파리 의회는 매독에 감염된 모든 사람들에게 24시간 안에 파리를 떠나라고 명령했다. 1496년부터 1497년까지 독일의 뉘른베르크에서 매독을 없애기 위한 방어책을 시도했다. 1497년 4월, 스코틀랜드 애버딘의 시의회도 모든 매춘부들에게 매춘을 못하도록 명령했다. 6개월 뒤 스코틀랜드의 추밀원은 에딘버러에 살고 있는 매독에 걸린 사람들을 섬으로 추방할 것을 명령하기도 했다.

제2차 이탈리아전쟁에 등장한 발진티푸스

이탈리아전쟁은 네 시기(제1차 1521~1526, 제2차 1526~1529, 제3차 1536~1538, 제4차 1542~1544)로 나뉜다. 제2차 전쟁 때 발진티푸스가 나타났다.

신성로마제국 황제 카를 5세와 프랑스 왕 프란시스 1세의 갈등으로 제2차 이탈리아전쟁이 일어났다. 이탈리아를 지배하기 위해 합스부르크가와 발루아가 사이의 갈등 때문에 벌어진 전쟁이기도 하다.

1528년 오데가 이끄는 프랑스 군대는 나폴리를 침공했다. 28,000명의 군사를 거느린 프랑스 군대가 훈련도 제대로 받지 못한 신성로마제국 군대를 넓게 포위해 승리를 눈앞에 두고 있을 때 전염병인 발진티푸스가 번지기 시작했다. 프랑스 병사 수는 졸지에 11,000명 아래로 줄어들었다. 이미 발진티푸스가 이탈리아 북부를 강타한 뒤 천천히 남쪽으로 내려오던 중이었기 때문에 신성로마제국 군대를 포위하고 있던 프랑스 군대는 적군을 공격하는 것이 아니라 발진티푸스의 공격으로 부터 적군을 감싸 안아주는 꼴이 되었다.

또한 프랑스 병사들은 늪지대에 주둔해 있었고, 많은 병사들이 모여 있었기 때문에 위생 상태가 엉망이었다. 병사들의 머리와 몸에는 이가 득실거렸다. 발진티푸스는 집단생활을 하면서 속옷을 자주 갈아입지 못하는 병사들 사이에서 이를 매개로 쉽게 퍼져나갔다.

한 달도 되지 않아서 절반이 넘는 군인들이 사망했으며, 프랑스 지휘관 오데도 희생되었다. 기록에 따르면, 프랑스 군사 중 단지 4,000명만 살아남았다고 한다. 또한 전쟁에 참여하지 않은 사람들 가운데 발진티푸스로 목숨을 잃은 사람은 그 두 배에 이른다는 기록도 있다.

프랑스 군대는 힘없이 무너졌고, 카를 5세가 보낸 오렌지 왕자가 이끄는 군대는 전투력을 완전히 잃어버린 프랑스 군대를 쫓아가 깨끗이 청소해버렸다.

30년 전쟁에서 조연을 맡은 페스트와 발진티푸스

독일에서 일어난 30년 전쟁(1618~1648)은 개신교와 가톨릭 교도 사이에 벌어진 마지막이자 가장 큰 종교전쟁이다. 이 전쟁도 이탈리아전쟁과 마찬가지로 네 번에 걸쳐 일어났다. 먼저 일어난 두 번의 전쟁은 종교 문제 때문이었고, 뒤에 일어난 두 차례의 전쟁은 정치 문제가 원인이었다.

전쟁은 독일의 개신교와 가톨릭교도가 대립하면서 시작되었다. 이들은 각각 종교 연맹체를 만들어 맞섰다. 어느 한쪽이 정치적으로 힘을 얻으면 다른 한쪽을 공격하곤 했다.

30년 전쟁이 시작된 직접 원인은 1617년에 가톨릭교도인 페르디난트가 보헤미아 왕위에 오른 뒤 가톨릭을 국교로 삼으려고 했기 때문이다. 보헤미아의 개신교도는 물론 오스트리아의 개신교 귀족들이 반기를 들었다. 1619년에 페르디난트 2세가 황제 자리에 오르자 개신교도들은 자신들의 황제를 세운 뒤 전쟁을 시작했다.

그런데 30년 전쟁을 하는 동안 군인들은 물론 전투에 참여하지 않은 시민들 사이에 전염병인 선페스트가 돌았다. 페스트는 예르시니아종 세균(Yersinia pestis)이 원인이 되어 발생하는 질병이다. 페스트는 주로 임파선을 공격하는 선페스트와 폐를 공격하는 폐페스트로 구분할 수 있다. 선페스트는 출혈성 화농성 염증이 생기면서 패혈증으로 발전해 생명을 위협한다. 30년 전쟁 기간 동안 발생한 전염병은 선페스트 말고도 발진티푸스, 이질 따위의 감염성 질병과 괴혈병이었을 것으로 추측한다.

30년 동안 전쟁이 이어지면서 군인들은 이곳저곳으로 옮겨다니며 전염병을 계속 퍼뜨렸다. 당시 한정된 곳에서 퍼진 전염병 중에는 군대와 관계가 없는 것도 있었다. 이 시기에 생긴 여러 가지 질병은 주로 해당 지역에서 발행한 교구의 등기부나 세금을 기록한 책을 참고로 추측해야 하므로 내용이 과장되었거나 불완전한 것도 있다. 질병의 증상을 기록한 내용이 아주 부족해 죽은 사람이 전염병으로 죽었는지 전쟁 중에 기근 때문에 죽었는지 판단하기 아주 힘들다. 또한 전쟁 기간 동안 농촌을 떠나 도시로 가는 피난민들이 생기는 등 사회 변화가 뒤따랐으므로 질병의 자세한 내용을 분석하는 일이 어렵다.

그러나 등기부에 기록한 내용을 살펴보면 전염병이 전쟁 때만 생긴 것이 아니라는 사실을 알 수 있다. 선페스트는 전쟁이 시작된 1618년보다 2~10년 앞서서 독일의 여러 지역에 돌기 시작했다. 그 뒤에 보헤미아에서 개신교도들이 가톨릭의 국교화 정책에 대항해 반란을 일으켰다. 가톨릭계에 속하는 합스부르크 왕가 출신의 페르디난트 2세가 신성로마제국 황제가 된 것은 1619년이었다. 전장이 넓어지면서 1620년 말 프라하 근처에 있는 화이트산에서 가톨릭이 승리하면서 전쟁이 끝나는 듯했다. 이때 전쟁에서 진 개신교 군인들이 군대가 해산하자 독일 남서부 지역으로 이동해 가면서 질병을 퍼뜨렸다.

비록 30년 전쟁은 종교 문제 때문에 일어난 것처럼 보이지만 전쟁이 지속될수록 정치의 영향이 더욱 커졌다. 독일에서 시작된 전쟁은 차차 유럽의 많은 국가들이 참여하는 전쟁으로 변해갔다. 프랑스가 1624년에 제일 먼저 개입했는데, 10년 이상 독일 가톨릭의 반대편을 지원했다. 덴마크 왕이자 개신교도인 크리스티안 4세는 1625년에 독일을 침공했다. 덴마크와 제국주의 군대가 1625년부터 다음 해까지 독일 중앙에 있는 색소니와 투링기아에서 한판 싸움을 벌였고, 나중에 독일 북쪽으로 옮겨 가 싸움을 계속했다.

이렇게 전투가 벌어지는 장소가 바뀔 때마다 전염병은 계속 퍼져나갔다. 당시 전염병 증상을 자세하게 기록해 놓지 못했지만, 여러 정황을 종합해볼 때 발진티푸스가 원인이었을 가능성이 높다.

전투에서 진 덴마크의 크리스티안이 1629년에 덴마크로 되돌아가자 역시 개신교도인 스웨덴의 구스타푸스 2세가 참전을 선언했다. 이즈음 만투안 전쟁(3년 동안 프랑스와 합스부르크가 이탈리아에 있는 일부 영토를 차지하기 위해 일으켰던 전쟁) 때문에 이탈리아 반도 북쪽의 반이 전염병 지역으로 변해 버렸다.

스웨덴은 침략한 뒤 2년간 잇달아 승리했으나 1632년에 독일 남부의 뉘른베르크에서 패배해 퇴각해야만 했다. 이 싸움에서 스웨덴과 독일 군대 모두 군수품이 떨어져 고생했고, 수천 명의 병사들이 발진티푸스와 괴혈병으로 목숨을 잃었다. 결국 승자도 패자도 없이 두 나라 모두 9월에 퇴각했으며, 그 결과 주변 지역에 전염병을 마구 퍼뜨렸다.

다시 2년간 잇달아 이긴 스웨덴 군대는 스페인과 이탈리아의 지원을 받은 페르디난트의 군대에 져서 후퇴했다. 이때 독일 연합군이 스웨덴 군대를 뒤쫓아 가자 독일 병사들도 독일 남서부 지역에 전염병을 퍼뜨렸다. 그리고 몇 년 동안 전염병 때문에 사망률이 높아졌으며, 전투가 집중된 라인 강 주변은 특히 피해가 컸다.

선페스트는 1630년에 처음 나타났다는 기록이 있지만, 1634년이 지나서 더욱 기승을 부렸다. 1634년부터 다음 해까지 드레스덴이 남긴 연대기에서 임파선이 커졌음을 의미하는 '종창'이라는 표현을 많이 볼 수 있다. 발진티푸스와 달리 선페스트는 군대가 퍼뜨린 것이 아니라 피난민들이 도시에 몰려들자 쥐나 벼룩이 전염병을 쉽게 퍼뜨렸다.

생활 터전을 송두리째 잃어버린 농민들은 바바리아의 뮌헨을 점령했다. 이 도시는 성문을 닫고 두 개의 대문만 열어 놓았지만 외부에서 들어오는 사람들을 막을 수가 없었다. 1634년 말에 이 지역을 강타한 전염병은 선페스트였을 것이며, 약 15,000명이 목숨을 잃었다. 선페스트는 1637년까지 위력을 잃지 않았다.

바바리아에 있는 작은 도시도 예외가 아니었다. 1634년에 오버라메르가우에 페스트가 돌아 주민의 5분의 1인 85명의 목숨을 앗아갔다. 살아남은 사람은 전염병이 지나가면 크리스트의 고통과 죽음의 드라마가 10년마다 한 번씩 되풀이될 것이라 믿었다. 전염병과 함께 기근이 찾아와서 살아남은 사람들은 죽은 죄인들의 살을 뜯어먹기도 했다.

1635년에 '프라하의 평화'라 부르는 중재안에 합의해 독일의 고통을 덜어주려고 했지만 전쟁은 계속되었다. 프랑스와 스웨덴은 합스부르크와 맞서 싸웠고, 전쟁은 독일 전체에서 계속되었다. 특히 북부에서는 1648년까지 이어졌다. 중앙에서 전혀 통제를 할 수 없었기 때문에 작은 단위의 부대가 끝없이 행진을 하며 전염병을 계속 퍼뜨렸다. 마지막 10년 동안 다시 전염병이 나타나지 않았지만 발진티푸스는 독일의 풍토병이 되어가고 있었다.

발진티푸스는 다른 나라에도 작게나마 피해를 주었다. 네덜란드, 프랑스, 이탈리아, 잉글랜드는 전쟁 기간 내내 전염병에 시달려야 했다. 독일 국경을 넘어 전투가 벌어질 때마다 전염병이 전파되었고, 각국에서 파견한 병사들이 집으로 돌아가서 또다시 병을 퍼뜨렸다. 전쟁과 상관없는 중립국 스위스도 독일과 가까이 있었기 때문에 피해를 보았다. 전염병은 1635년까지 독일을 파괴하다시피 한 다음, 오스트리아와 헝가리를 통해 퍼져나갔다.

30년 전쟁은 다른 전쟁과 구별되는 특징이 많은데, 이것이 전염병이 쉽게 퍼지는 원인이 되었다. 군대는 계속 옮겨 다녔고, 다른 나라에서 지원군들이 꾸준히 보충되었으며, 전투 지역이 자주 바뀌었다. 또한 독일 국민들도 많이 이동했고, 피난민들은 도시로 밀려들었다.

전쟁이 일어나면 전쟁 지역과 아닌 지역의 경계는 사라진다. 예를 들어, 군수품을 구하기 위해 이동 경로 주변에 있는 마을을 공격하곤 했는데, 이것은 해산한 외국 군대가 약탈을 일삼는 것과 다를 바 없었다. 귀향하는 군인들은 스스로 방어해야 했으므로 지나치는 마을에서 음식을 약탈했고, 마을 주민들은 무기를 구해 그들과 싸우곤 했다. 이렇듯 군인과 민간인이 쉽게 접촉할 수 있었기 때문에 각종 전염병이 군대는 물론 건강하지 않은 일반인들에게 쉽게 퍼졌다.

일부 기록에는 30년 전쟁으로 독일 전체 인구의 3분의 1에서 절반 정도가 사망했다고 나와 있다. 그러나 전쟁 중에 평화로운 지역을 찾아 떠나는 사람들이 꽤 있었으므로 사망률은 15~20%로 추산된다. 그러나 얼마나 많은 사람들이 전염병으로 사망했는지는 확실하지 않다. 30년 전쟁에서 전염병이 끼친 폐해는 대단했다. 그러나 역사책에서는 전염병을 중요하게 다루고 있지 않다.

1648년 전쟁에 염증을 느낀 왕들이 마침내 베스트팔렌 조약에 합의하면서 독일에서 개신교와 가톨릭은 동등해졌다.

남아메리카 문명을 멸망시킨 두창

"천연두는 예로부터 두창 또는 마마로 알려진 질병이다."

천연두를 소개하는 자료에서 위와 같은 표현을 쉽게 볼 수 있지만, 이 표현은 잘못되었다. "예로부터 두창 또는 마마로 알려진 질병"이라면 지금도 천연두 대신 두창 또는 마마라 불러야 한다. 그러나 천연두는 일본식 표기이므로 당연히 두창이나 마마로 불러야 한다.

두창은 이집트 벽화에서도 그 흔적을 찾을 수 있을 정도로 오랜 역사를 자랑하는 질병이지만 1796년 영국의 제너가 종두법에 의한 두창예방백신을 개발함으로써 인류는 두창의 공포로부터 해방되기 시작해 20세기 후반에 접어들면서 주변에서 환자를 볼 수 없을 정도로 그 발생빈도가 감소했다. 전 세계에서 자연적으로 두창에 걸린 환자는 1977년 소말리아에서 발견된 것이 마지막이었다. 1978년에 실험실 사고로 우연히 환자가 생긴 것을 끝으로 세계보건기구(WHO)는 1980년 5월에 지구에서 두창이 완전히 사라졌다고 발표했다. 그러나 일부 실험실에서는 연구를 위해 허가를 받고 두창 바이러스를 보관해왔으며, 최근에 허가받지 않은 실험실에서 몰래 두창 바이러스를 보관하고 있다는 사실이 밝혀지기도 해서 소련 붕괴 후에 두창 바이러스가 제대로 보관되고 있는지는 계속적으로 의문이 제기되고 있다.

20세기 후반에는 생물무기로 탄저균과 보툴리누스균이 주목을 받았다. 그러나 21세기에는 보툴리누스균을 제치고 두창이 탄저균과 함께 사용 가능성이 가장 높은 생물무기로 평가받고 있다. 앞으로 실제로 사용될지는 확실치 않지만, 역사에서 두창은 전쟁 무기로 사용된 적이 있다. 그리고 무기로 쓰이지는 않았지만 저절로 생겨나 전쟁의 판도를 바꾸어 버린 적도 있다.

아스텍 문명의 멸망

콜럼버스가 아메리카 대륙에 도달한 뒤 구대륙(아시아, 아프리카, 유럽)에서 신대륙으로 저절로 옮아온 두창은 카리브 해 사람들의 생명을 마구 빼앗아갔다. 구대륙 사람들이 오늘날의 도미니카와 아이티에 두창을 퍼뜨렸고, 여기서 출발해 푸에르

토리코와 쿠바를 거쳐 아메리카 대륙 전체로 퍼져나간 것이다.

1519년에 스페인의 코르테스는 550명의 병사를 이끌고 지금의 쿠바에서 멕시코로 쳐들어갔다. 아스텍 문명이 번성하고 있던 멕시코 땅에는 금이 풍부하고, 사람들이 모두 잘 산다는 소문을 들었기 때문이다. 아스텍 문명의 중심지 테노치티틀란에 도착한 것은 그해 11월초였다.

아스텍 문명은 건축과 공학이 뛰어나게 발전한 문명이었다. 오늘날의 멕시코시티에 있던 수도는 큰 호수 중간에 섬들이 모여 있어 아름다웠다. 코르테스의 군대가 도착했을 때 그들은 웅장하고 아름다운 탑과 사원의 모습에 놀라서 꿈을 꾸고 있는 듯했다.

아스텍 사람들과 군주 몬테주마는 신이 코르테스 군대를 보낸 것으로 여기고 정성껏 대접했다. 아스텍 사람들은 자신들을 창조한 신이 언젠가 자신들을 지켜주러 다시 온다는 전설을 믿고 있었고, 전설의 주인공이 이들이라 생각했기 때문이다. 그러나 호시탐탐 기회를 노리던 코르테스는 몬테주마를 가둔 다음 많은 금을 요구했다. 그리고 몬테주마를 대신해 아스텍 제국을 통치하기 시작했다.

1520년 봄이 되자 나바에스가 이끄는 또 다른 스페인 군대가 멕시코 동부 해안에 상륙했다. 그런데 하필이면 배에 타고 있던 아프리카 흑인 노예가 두창에 걸렸다. 스페인은 1510년부터 아프리카에서 아메리카 대륙으로 노예를 실어 나르기 시작했다. 아프리카 노예들을 데려와 죽어가는 카리브해인들을 대신해 금광산과 사탕수수밭에서 일을 시키기 위해서였다. 상인뿐만 아니라 군대도 아프리카에서 노예를 실어오기도 했는데, 이들이 바로 이런 경우였다.

나바에스가 상륙했다는 소식을 들은 코르테스는 군대를 모아 이들을 물리치려고 했다. 같은 나라 군대이기는 하지만 이미 스페인 왕의 통제에서 벗어나 신대륙에서 왕 노릇을 하고 있던 코르테스는 금을 비롯해서 많은 이익을 챙겼고, 스페인 왕에게 세금도 내지 않았고, 제대로 상황을 보고하지도 않았기 때문이다. 이것은 분명한 반역이었다. 그는 살아남기 위해서 계급이 더 높은 나바에스의 군대와 싸움을 할 수밖에 없었다. 코르테스는 싸움에서 이겼고, 나바에스가 이끄는 군대는 다시 배를 타고 다른 곳으로 떠나야만 했다. 그러나 아프리카 흑인 노예가 퍼뜨린 두창이 코르테스의 군대에 전해지는 바람에 큰 손실을 입었다.

한편 코르테스가 나바에스와 싸우기 위해 테노치티틀란을 떠난 사이에 아스텍 사람들은 남아 있던 스페인 군대를 공격해 제국을 되찾았다. 코르테스의 군대는 식량이 거의 떨어졌지만 돌아갈 곳이 없었다. 게다가 다른 곳으로 떠날 적당한 배도 없었다. 코르테스에게는 원주민을 정복하는 것밖에 다른 방법이 없었다. 그러나 싸움을 벌이느라 전투력이 많이 약해져 불리한 상황이었다. 코르테스는 아스텍을 정벌하기 위한 싸움에 돌입했으나 지형에 능하고 군사 작전에서도 그들에게 뒤질 것이 없으며, 숫자로는 30배 이상 우세한 아스텍을 당할 수가 없었다. 게다가 그들은 스페인 군대에게 칼을 갈고 있었으니, 코르테스가 진 것은 당연했다.

코르테스가 다시 정신을 차린 것은 1차 전투가 끝난 다음이었다. 그들은 의식주를 해결할 능력이 없었으므로 정복하지 못하는 싸움은 곧 죽음을 의미했다. 그런데 스페인 군대도 모르고 있는 사이에 아스텍 사람들에게 두창이 퍼져나가기 시작했다. 처음 보는 무서운 병에 걸려 사람들이 쓰러지자 아스텍 군대의 사기가 크게 떨어졌다. 공포에 사로잡힌 아스텍 사람들은 전의를 잃고 말았다.

1차 전투에서 진 코르테스가 겨우 부하들을 규합해 2차 전투를 시작했을 때 전쟁 양상은 처음과 아주 달랐다. 아스텍 군대는 싸울 생각은 하지 않고 후퇴하기 바빴다. 겨우 몇 주 만에 아스텍의 중심지 테노치티틀란 전체에 두창이 번지면서 전체 인구의 4분의 1이 사망했다. 그런데도 계속해서 두창은 나라 전체로 퍼져가고 있었다.

결국 예상을 뒤엎고 1521년 코르테스의 군대는 승리의 깃발을 다시 꽂았다. 이것으로 아스텍 문명은 역사에서 완전히 사라지고 말았다. 그러나 이 승리는 결코 스페인 군대의 힘으로 이룬 것이 아니었다. 어려서부터 두창에 면역이 된 코르테스의 병사들과 달리 면역 능력이 전혀 없는 아스텍 사람들은 1차 전투에서 크게 이기고도 제대로 싸워 보지도 못하고 스페인 병사들에게 나라를 내주고 역사 속으로 사라졌다.

잉카 문명의 멸망과 인디언 정복 전쟁

페루에서 발전한 잉카 문명도 두창의 희생양이었다. 피사로가 이끄는 스페인 군대가 쳐들어온 것은 1530년의 일이었지만, 그보다 앞선 1527년에 이미 두창이 퍼져 있었기 때문에 국력이 빠르게 기울기 시작했다. 남아메리카에서는 군대가 이동하는 속도보다 두창이 퍼지는 속도가 더 빨랐다고 할 수 있다.

태양의 아들이라는 별명을 가진 잉카 왕이 북부 도시인 퀴토를 방문하고 있을 때, 수도 쿠스코에서 온 전령은 두창이 번져 많은 왕족과 시민들이 사망했다는 소식을 전했다. 그러나 곧장 발길을 돌린 왕도 쿠스코에 도착하기 전에 두창에 걸렸고, "내 아버지 태양이 부르는 곳으로 간다. 얼른 가서 그 옆에서 쉬어야겠다"라는 말을 남기고 세상을 떠났다.

그의 아들 둘은 서로 왕좌를 차지하기 위해 싸움을 벌였다. 1532년에 아타후알파가 승리해 왕이 되었을 때는 이미 두창으로 사망한 사람 수가 10만 명을 넘었다. 그가 왕좌에 오른 지 얼마 되지 않아 피사로의 군대가 쳐들어와 잉카제국을 정복하고 말았다. 마침내 찬란한 잉카문명은 사라지고 말았다.

잉카 문명이 멸망할 당시 기록에 따르면, 두창보다 페스트가 발생한 듯한 느낌을 주는 문장들이 있어 잉카를 멸망하게한 전염병이 페스트라는 주장도 있다. 그러나 콜럼버스가 아메리카 대륙을 발견한 뒤 두창이 퍼진 경로를 분석해 보면 잉카제국도 두창 때문에 몰락한 것이라는 설이 훨씬 설득력 있다.

한편 18세기에 오늘날의 미국 동부 지역을 차지하고 있던 영국과 중부를 차지하고 있던 프랑스는 곳곳에서 저항을 하고 있는 인디언 동맹군에 맞서서 영토를 넓히기 위한 작전을 펼치고 있었다. 이것은 1754년부터 1767년까지 벌어진 프랑스와 인디언 전쟁의 일부이다. 당시는 미국이 독립하기 전이었으므로 영국 국적으로 식민지 건설에 한몫을 담당하고 있던 암허스트 장군은 카리용 요새를 함락하려고 두 차례나 공격을 퍼부었으나 뜻을 이루지 못했다.

그러던 중 1763년에 영국군 장교 에쿠예가 두창 환자를 치료하던 병원에서 가지고 온 담요와 손수건을 적진에 투입하자는 의견을 내놓았다. 그러자 몇 달 뒤부터 오하이오에 살고 있던 인디언들에게 두창이 퍼졌다. 영국군은 오랜 기간의 접전을 끝내고 카리용 요새를 점령했다.

이것은 영국이 신대륙을 차지하고 인디언들을 몰아내기 위해 전쟁에서 두창을 이용한 경우다. 이 밖에도 북아메리카 지역에서는 여러 차례에 걸쳐 두창 환자가 쓰던 물건을 적진에 투입하는 방법을 쓴 예가 전해오고 있다. 나일팅게일이 활약한 크림전쟁에서도 두창 환자가 사용한 물건을 우물에 빠뜨려 무기로 활용한 흔적을 찾을 수 있다. 그러나 기록으로 자세하게 남아 있는 것은 미국이 성립되는 시기를 앞뒤로 해서 인디언과 전쟁을 할 때 여러 번 두창을 전쟁 무기로 이용했다는 것뿐이다.

전쟁의 판도를 바꾸는 전쟁용 무기로 전염병을 사용한 기록은 이것을 끝으로 공식적으로 지구에서 완전히 사라졌다. 그러나 21세기에도 여전히 전염병 병균이 가장 위험한 생물무기 가운데 하나로 거론되고 있으니 인간의 잔인함은 끝이 없는 것 같다.

의학의 역사와 나폴레옹

나폴레옹의 생애

흔히 나폴레옹(1769~1821)으로 알려져 있는 나폴레옹 1세
(나폴레옹 보나파르트)는 지중해 코르시카 섬에서 태어났다. 그
는 프랑스 대혁명 이후 정권을 잡았으며, 1804년부터 약 10년
동안 프랑스 황제를 역임한 프랑스의 대표적인 군인이자 정치
가이다.

그의 아버지는 코르시카 독립운동에 참여했으나 실패했고,
그 뒤로는 충실한 프랑스 국민으로 살았다. 나폴레옹도 1793
에 군인이 되어 국가의 혼란을 수습하는 과정에서 정치에 참
여했다.

나폴레옹은 한때 황제 자리에서 밀려나기도 했으나 1796년에 이탈리아 원정군 사령관으로 임명되면서 다시 승승장구했다. 이탈리아에서 오스트리아군을 격파한 뒤 프랑스 대혁명의 이상을 도입한 공화국을 건설하면서 명성이 높아졌다.

나폴레옹이 유명해지자 혁명 정부는 그를 견제하기 위해 1798년에 이집트 원정을 떠날 것을 명령했다. 나폴레옹은 35,000명의 군대에 약 300명의 학자를 포함시켰다. 나폴레옹 군대는 단순히 이집트를 점령한 것이 아니라 동물과 식물, 자연환경, 자원, 역사 등을 조사하는 임무를 맡았다. 이때 발견한 로제타석이 고대 이집트 문명의 비밀을 밝히는 데 큰 역할을 하기도 했다.

나폴레옹은 1799년 11월 9일에 군사 쿠데타를 일으켜 정권을 잡았다. 그는 거침없이 행동했는데, 어떻게 보면 조증 환자처럼 사고와 행동반경이 크고 현실감각이 항상 고조된 상태였으나, 도덕성을 비롯한 인간성은 의심스러운 인물이었다.

1800년에는 알프스를 넘어가 오스트리아를 정복하면서 정권욕과 침략욕을 내비치기 시작했다. 마침내 1804년에 프랑스 황제 자리에 올랐다. 이때 나폴레옹에게 바치려고 「영웅」이라는 부제가 붙은 3번 교향곡을 작곡하고 있던 베토벤은 "왕정을 폐지한 인민의 대표도 속물이다."라고 하며 펜을 집어던졌다고 한다.

유럽 전체를 손아귀에 넣으려는 웅대한 목표를 가지고 있던 나폴레옹은 1805년 트라팔가 해전에서 영국의 넬슨에게 크게 지면서 비애를 맛보았고, 1812년 러시아 침공에 실패하면서 내리막길을 걷기 시작했다. 1814년 3월에 영국, 러시아, 프러시아, 오스트리아 연합군이 파리를 점령하면서 엘바 섬으로 유배되었다가 1815년 3월에 섬을 탈출해 파리에 입성한 직후 황제에 오르기도 했으나, 곧이어 워털루전투에서 영국에 항복하면서 대서양의 세인트헬레나 섬에 유배되었다. 나폴레옹은 1821년에 세상을 떠났다.

의학으로 본 나폴레옹의 일화

프랑스 국민들은 나폴레옹이 절대왕정을 무너뜨리는 데 앞장섰고, 강력한 힘을 바탕으로 프랑스를 유럽의 중심으로 만들려 했기 때문에 영웅이라고 칭송한다. 그러나 다른 나라 사람들은 나폴레옹은 전쟁을 좋아한 미치광이라고 평가할 수도 있다. 이렇듯 나폴레옹에 대한 평가는 늘 엇갈린다.

나폴레옹은 의학 역사에서 여러 가지 일화를 많이 남겼다. 나폴레옹이 걸린 질병만 해도 20가지가 넘는다고 한다. 최근에도 몇 년에 한 번씩은 나폴레옹이 사망한 원인이 밝혀졌다는 외신 보도를 들을 수가 있다. 그러나 모두 추측일 뿐 아직까지 나폴레옹이 사망한 원인은 정확히 밝혀지지 않았다.

1792년 8월에 프랑스에서 왕정이 폐지되고 공화정이 실시되었다. 그러자 프랑스 의과대학 서른세 곳이 부패의 소굴이라는 이유로 폐지되었다. 그해 4월에 프러시아와 전쟁을 시작한 까닭에 군의관을 양성하지 못하자 의사들을 동원했다. 1794년에 의학을 교육하기 위한 임시 학교가 설립되었으나 의사들의 수준이 아주 낮았다. 나폴레옹은 돌팔이 의사를 살인자에 비유하기도 했다.

그러나 다행히 나폴레옹이 신임한 위생 감찰관 라레이는 훌륭한 의사였다. 그는 환자를 옮기는 도구를 고안했고, 음식이 떨어지면 군사용 말을 잡아서 환자들에게 먹였으며, 절단을 해야 하는 수술도 아주 잘했다. 부상한 병사들을 적절한 치료법으로 치료해서 회복하도록 했기 때문에 나폴레옹에게 높은 평가를 받았다.

나폴레옹이 말년에 세인트헬레나 섬에 유배되었을 때는 이탈리아 출신 해부학자인 안토마르키가 나폴레옹의 주치의 역할을 했다. 그러나 나폴레옹은 그를 신임하지 않았으며, 머리를 깎아서 친구들에게 나누어주고 몸은 화장하라는 유언을 남겼다. 화장한 뒤 재를 세느 강변에 뿌려달라고 했으나 1840년에 앵발리드에 안치되어 지금도 관광객들을 맞이하고 있다.

나폴레옹이 사망한 뒤 그를 부검한 안토마르키와 다른 부검의들은 나폴레옹이 위암(또는 악성 위궤양)으로 사망했다고 결론을 내렸다. 그러나 나폴레옹은 생전에 독살당할 것을 늘 두려워했고, 주변 인물들 중에는 그가 독살당했다고 믿는 사람들이 많았다. 1955년 나폴레옹이 죽기 전에 보인 불면증, 갑작스런 졸음, 머리카락이 빠지는 증상들은 비소에 중독되었을 때 나타나는 증상과 같다. 이것을 의심한 스웨덴의 퍼슈홋은 나폴레옹의 머리카락을 추적해 머리카락에서 비소가 지나치게 많이 들어 있다는 사실을 밝혀냈다. 그 뒤로 나폴레옹이 비소 중독으로 사망했다는 설이 유력해졌다. 실제로 1980년에 나폴레옹의 침실을 조사했더니 비소가 많이 함유되어 있는 것이 밝혀져 비소 중독으로 사망했다는 설이 설득력을 얻고 있다. 그러나 비소는 암 치료에도 사용할 수 있는 물질이고, 여러 가지 다른 정황을 참작해 볼 때 비소 중독이 사망 원인이라고 단정하기에는 아직도 부족하다.

나폴레옹 군대에 고통을 준 선페스트

18세기 말부터 19세기 초반에 걸쳐 나폴레옹이 유럽 전체를 휘젓고 다닐 때 프랑스 군대가 전투를 잘했던 이유 중에는 그 이전에 볼 수 없었던 전투 식량과 예방접종이 한몫을 했다. 두창을 예방하는 제너의 종두법은 1796년 영국에서 처음 시작되었다. 공기를 밀폐한 통조림 포장은 1809년 프랑스에서 처음 시도했다. 나폴레옹은 프랑스 군대에 이 두 가지를 보급하도록 적극 권장했다. 프랑스 군대는 두창에서 해방되고 식량 보급이 잘 이루어지자 전투를 잘할 수 있었다.

프랑스 군대를 통해 두창 예방접종의 효용 가치를 확인한 영국은 자신의 발명품이라 할 수 있는 예방접종법을 한참 뒤에나 군대에 도입했다. 한 가지 흥미로운 일은 나폴레옹이 몰락한 뒤 프랑스에서는 군인들의 두창 예방접종을 없앴다는 사실이다. 그 결과는 참담했다. 1870년에 일어난 프러시아와의 전쟁(1870~1871)에서 예방접종을 받은 프러시아군은 아무 피해도 없었으나 프랑스군에는 약 20,000명의 환자가 발생했기 때문이다. 이 전쟁에서 진 프랑스는 베르사유조약에 따라 50억 프랑과 알자스-로렌 지방을 독일에 넘겨주어야 했다.

두창 예방접종은 물론 발진티푸스의 정체도 모르던 시절에 나폴레옹은 모포를 소독하는 것에 관심을 가졌다. 발진티푸스는 이가 전파하는 질병이므로 모포와 의복을 세탁하는 일은 발진티푸스 전파를 막는 데 큰 도움이 된다. 이런 나폴레옹도 전혀 예상하지 못한 전염병 때문에 전투에 어려움을 겪은 시기가 있었다. 그것은 이집트 원정 때 발생한 선페스트이다.

1798년 6월 초에 이집트로 들어간 뒤 나폴레옹은 마멜루케스(오스만 제국의 이집트 통치자)를 굴복하게 하고 통치를 시작했다. 그러나 영국 함대가 나일 강 입구에서 프랑스 군대를 쳐부수고 강을 봉쇄해 버리자 프랑스는 군수품을 공급받을 수 없었다. 이런 상황에서 이집트는 계속 반격을 했고, 엎친 데 덮쳐 선페스트가 퍼지기 시작했다.

12월에 부대 전체에 퍼진 선페스트는 다미에타에서는 상대적으로 심하지 않았지만 알렉산드리아의 해변가, 로제타, 아부키르에 주둔하고 있던 프랑스군에게 큰 피해를 입혔다. 1799년 1월에는 선페스트의 위력이 최고에 달해 날마다 17명이 사망할 정도였다. 수많은 질병을 경험했지만 한번도 선페스트를 본 적이 없었던 나폴레옹은 적군보다 질병과 싸워야

하는 상황에서 여러 가지 조치를 했다. 공포감이 질병을 빠르게 퍼뜨린다고 생각한 나폴레옹은 '선페스트' 대신 '열나는 임파선종'이라는 단어를 쓰도록 했으며 개인위생을 청결히 하고 옷과 침구류를 세탁하게 했다. 의사와 당번병은 환자 곁에 붙어 있어야 했으며, 임파선종은 찢고 갈라서 치료했다. 나폴레옹은 절개하는 것이 사망률을 떨어뜨린다고 믿었기 때문이다.

투르크가 공격하기 전에 기습 공격을 하기로 작전을 세운 나폴레옹은 시리아로 쳐들어갔지만 여전히 선페스트가 널리 퍼져 있었다. 1799년 3월에 항구 도시 자파를 쉽게 정복했으나 수십 명의 병사들이 병으로 죽었다.

다음 목적지인 에이커에서 프랑스군은 영국군의 지원을 받고 있는 오스만 투르크군을 물리치지 못했다. 여러 번 공격을 했지만 성공하지 못하자 나폴레옹은 자신의 실패를 덮기 위해 전염병을 핑계 댔다. 파리에 보낸 편지에서 그는 질병에 대한 공포 때문에 군대는 에이커의 외곽에 머물러 있으며, 날마다 60명 이상이 사망하고 있다고 주장했다.

자파로 돌아간 뒤에도 전염병은 프랑스 병사들의 생명을 계속 앗아갔다. 나폴레옹이 이집트로 돌아갈 준비를 다 했을 때 50명의 환자가 있었다. 그들을 데려갈 수도 없고, 남겨 둘 수도 없어서 나폴레옹은 의사들에게 치명적인 양의 아편을 주라고 명령했다. 그러나 아편을 투여 받은 병사들에게 구토 증상이 발생해 아편을 토해냄으로써 실제 인체로 흡수된 아편의 양이 많지 않았던 까닭에 치명적인 피해를 입은 병사는 거의 없었다.

이집트로 돌아가는 길에 나폴레옹은 러시아와 오스만 투르크 제국이 프랑스에 선전포고를 하고 이탈리아를 침범했다는 소식을 들었다. 나폴레옹은 위기를 해결하기 위해 프랑스로 돌아갔지만 프랑스 군대는 2년 더 이집트에 머물며 영국과 투르크군의 반격뿐 아니라 역병과도 싸워야 했다.

때때로 역병은 영국군을 괴롭히기도 했다. 1801년에 아부키르의 영국 함대에서는 13~14명이 역병으로 사망했지만, 프랑스 군대는 고생을 더 했다. 카이로의 프랑스 지휘관은 날마다 30~40명씩 병사들이 죽자 결국 전쟁을 포기해야 했다. 그 해에 영국이 아부키르와 알렉산드리아에 있는 프랑스군 주둔지를 격퇴하자 나폴레옹도 철수를 명령했다.

결과적으로 1798년부터 1801년 사이에 유럽을 벗어나 아프리카와 아시아에 머물고 있던 나폴레옹의 군대는 적군인 오스만 투르크 제국과 영국 군대와 함께 선페스트의 피해자가 되었으며, 그중에 가장 피해가 컸다. 1801년 나폴레옹의 군대가 완전히 이집트를 떠날 때 전염병이 지나간 나폴레옹 군대의 생존자는 반으로 줄어 있었다.

차이코프스키의 「서곡」

나폴레옹이 이끄는 약 50만 명의 대군대가 러시아에서 패배한 것은 예상을 훨씬 뛰어넘는 엄청난 추위와 작전 실패 때문이라고 역사책에 기록되어 있다. 그러나 의학 역사로 볼 때는 잊을 만하면 한번씩 나타나는 발진티푸스가 때마침 프랑스 군대에 퍼지면서 전투력이 막대한 손실을 입었기 때문이라고 풀이하기도 한다. 남쪽에서 올라오는 프랑스 군대가 출발할 때부터 발진티푸스가 돌아 환자가 생기면서 전투에 장애가 되었지만, 러시아 군대는 아무 영향을 받지 않았기 때문이다.

프랑스 군대를 강타한 질병은 발진티푸스 하나가 아니라 여러 가지일 수도 있다. 그러나 분명한 것은 발진티푸스가 가장 심하게 나타났다는 것이다. 50만 명이나 되는 군대가 전투다운 전투 한 번 못해 보고 3만 명만 살아서 돌아오자 나폴레옹은 몰락하기 시작했다. 대지진이 지나간 뒤에도 여진이 계속 이어지듯, 돌아오는 길과 귀향한 뒤에도 계속 발진티푸스가 돌아서 민간인에게도 피해를 주었다.

나폴레옹의 러시아 침공은 유럽을 지배하려는 그의 야망을 잘 보여주는 계획이었다. 1811년 말부터 1812년 초에 독일에서 대부대를 결성한 그는 6월 24일에 진격을 명했다. 그러나 그의 군대는 거대하면서도 다양한 언어를 사용하는 집단이었다. 그리고 출발하자마자 후방에서 지원받는 물품이 부족해 어려움을 겪었으며, 군기와 규율이 문란해졌다. 또한 설사를 일으키는 수인성 전염병도 돌기 시작한 것으로 보인다. 진격을 시작한 뒤 프러시아와 폴란드를 거쳐 가는 과정에서 건강한 병사 약 6만 명이 죽거나 심한 질병에 걸렸다.

그러나 프랑스군은 어렵지 않게 리투아니아를 손에 넣을

수 있었다. 러시아의 작전은 싸우지 않는 것이었으므로 나폴레옹의 군대가 몰려오는 동안 한 번도 부딪히지 않았다. 러시아군은 계속 뒷걸음질을 치면서 농촌을 망가뜨려 작물을 비롯해 군대에 도움이 될 것은 하나도 남겨 놓지 않았다. 프랑스의 진군은 느릴 수밖에 없었다. 지원품은 제대로 전달되지 않았고, 뒤쳐지는 병사들이 계속 늘어났다. 환자들이 계속 생겨났으며, 발진티푸스는 끊임없이 병사들을 괴롭혔다. 대열에서 떨어져나간 환자들이 주변 병원에 모여 들어 병원은 모두 초만원이었다. 그러나 의사는 거의 없었고, 약조차 제대로 공급되지 않았다.

1812년 9월 중순, 마침내 프랑스군이 모스크바에 도착했지만 러시아군은 이미 모스크바를 탈출한 뒤였다. 모스크바 시민들도 보이지 않았고, 식량도 전혀 남아 있지 않았다. 며칠 지나지 않아 모스크바에 남아 있던 러시아인들이 불을 질러 도시의 3분의 2가 불타버렸다. 황폐한 도시에서 겨울을 날 수 있는 음식과 의복을 구할 수 없다는 사실을 깨달은 나폴레옹은 10월 16일에 퇴각을 명령했다.

나폴레옹 군대가 후퇴한 내용은 프랑스 장교들이 쓴 회상록에 잘 기록되어 있다. 회상록이라도 남긴 이들은 아주 운이 좋은 사람들이었으며, 상상하기 힘들 정도로 춥고 배고프고 피로에 지친 귀향길에서 살아남은 사람들이었다. 군사용 말조차 추위를 견디지 못하고 부상을 입었으며, 식량이 부족해 고생을 했다. 군대는 몇 마리 안 되는 말을 가지고 있었을 뿐이고, 아주 작은 물량을 운반할 수 있었으며, 식량은 어느 곳에 서도 구할 수 없었다.

러시아 사람들과 카자흐스탄 사람들은 지친 프랑스군과 맞서 싸울 준비를 하고 있었으므로 이미 사기가 형편없이 떨어진 프랑스군은 식량을 구할 수 있을 것으로 예상되는 다른 길을 선택하지 못하고, 모스크바로 들어올 때와 같은 길로 되돌아가야만 했다. 병사들은 때때로 약간의 밀가루나 설탕과 함께 주로 말먹이를 먹고, 눈을 녹여 마시며 살아남았다. 닳아서 너덜너덜해진 군화와 넝마가 된 군복을 입은 군인들은 대부분 허기와 피로 때문에 쇠약해져 얼어 죽었다. 프랑스 군대가 출발할 때 따라온 질병은 돌아갈 때도 여전히 그들 곁에 있었다.

1812년 차이코프스키가 작곡한 「서곡」은 러시아와 프랑스의 전쟁을 주제로 한 곡이다. 곡 뒷부분에서 러시아가 승전고를 울리는 소리가 극적으로 표현되어 있다.

모스크바로 가는 길에 프랑스가 세운 많은 병원은 너무 더러웠고, 병실마다 환자가 넘쳐났으며, 시체가 복도를 덮고 있었다. 발진티푸스와 다른 감염성 질환이 병원을 통해 급격히 퍼져나갔다. 그러나 질병을 통제할 수 있는 방법이 전혀 없었다. 나폴레옹 군대는 계속 이동했고, 그들이 지나간 자리에는 환자들만 남았다. 이들은 죽거나 러시아 교도소에 들어가야 했다.

생활필수품이 바닥나자 병사들은 오로지 자신만 생각하게 되었으며, 군대의 명령 체계는 갈수록 무너졌다. 많은 병사들이 대열을 이탈해 주변 마을을 약탈했다. 또한 다른 병사들은 눈보라 속에서 길을 잃거나 질병으로 귀환을 포기해야 했다. 12월 초에 나폴레옹은 파리로 돌아가기로 결정했다. 그러나 남아 있는 병사들은 뒤에서 터벅터벅 따라올 뿐이었다. 프러시아와 독일을 통과해 서쪽으로 돌아가던 병사들과 그들을 따라온 프러시아인들에게도 발진티푸스가 퍼졌다.

1813년까지는 한정된 지역에서 계속 전염병이 돌았다. 나폴레옹의 독일 침공과 나중에 오스트리아, 러시아, 프러시아와 벌인 전투가 중부 유럽에 다시 한 번 발진티푸스가 퍼지게 되는 원인이었다.

야심에 찬 나폴레옹의 러시아 원정은 싸움 한 번 해보지 못하고 끝이 났다. 작전이 실패한 원인도 있지만 진군 초기부터 찾아온 발진티푸스가 귀향을 한 뒤에도 참전자들을 괴롭혔다. 나폴레옹의 시대도 서서히 막을 내리고 있었다.

그 뒤에도 가끔씩 전쟁터에 발진티푸스가 나타났다. 제1차 세계대전 기간 중에 해충인 이가 발진티푸스를 옮긴다는 사실이 밝혀졌다. 유럽 연합군이 발진티푸스를 없애기 위해 유럽의 서부전선에 공급하는 군복을 모두 소독하자 동부전선에서와 달리 서부전선에서는 발진티푸스가 나타나지 않았다. 이 사실을 알지 못한 세르비아나 러시아 군대에서는 발진티푸스가 퍼져 아주 큰 피해를 입었다.

전쟁, 전염병의 가장 무서운 적

18세기 후반에 영국에서 시작된 산업혁명은 기술 혁신으로 사회에 큰 변화를 일으켰다. 유럽은 산업혁명으로 농업 중심 사회에서 공업 중심 사회로 바뀌었다. 한편으로는 산업혁명이 아직도 진행 중이라 할 수 있으며, 이에 따라 공업화와 급격한 경제 변화가 뒤따르고 있다.

제2차 세계대전의 영웅인 몽고메리는 19세기를 전쟁이 아주 복잡해지고 전문화된 시기라 했다. 다시 말해, 전쟁이 벌어지는 전장과 일반 사회가 구별되기 시작했다는 것이다. 또한 인구가 늘어나 사회 전체가 전투 지원부대가 될 수 있어서 모든 힘을 쏟아 부어 전투를 할 수 있게 되었다. 그리고 인구가 도시에 집중하면서 전쟁의 표적이 고지에서 도심으로 이동해

가는 형태를 보여주기 시작했다.

여러 가지 면에서 인류의 생활이 윤택하게 변화한 만큼 전쟁을 피할 수도 있었다. 하지만 히틀러 같은 독재자와, 경제 이익을 위해 서슴지 않고 전쟁을 벌이는 지도자들은 끊임없이 싸울 거리를 찾아 다녔다.

이전보다 전쟁 기법이 발달했다 해도 여전히 질병으로 죽는 사람이 전쟁으로 죽는 사람보다 많았다. 파스퇴르와 코흐가 전염병의 원인과 해결책을 찾아낸 것이 19세기 후반이었다는 점을 감안하면 쉽게 이해할 수 있다.

크림전쟁

나폴레옹이 러시아에서 퇴각한 뒤 나폴레옹이 일으킨 전쟁을 수습하기 위해 빈 회의(1814~1815)가 열렸다. 이후 러시아는 오스만 투르크 땅으로 남하하는 것을 기본 정책으로 삼았다. 그런데 1853년 프랑스의 나폴레옹 3세가 예루살렘에서 가톨릭 교도들에게 특권을 줄 것을 오스만 투르크의 술탄에게 요구하자, 러시아는 오스만 투르크 제국에 살고 있는 그리스 정교도를 보호하고자 했다. 이를 위해 오스만 투르크 제국 땅으로 전쟁용 배를 운항해야 했다. 하지만 오스만 투르크가 땅을 내주기를 거절하면서 둘 사이에 분쟁이 벌어졌다. 외교로 해결할 수 없게 되자 러시아는 흑해 남쪽 크리미아 반도에 있는 세바스토폴에 해군 기지를 만들었다. 러시아가 남쪽으로 내려가는 것을 원하지 않는 유럽 여러 나라가 오스만 투르크를 도와 동맹국으로 참전했다. 이들은 선전포고를 하고 그해 9월에 세바스토폴을 공격했지만 특별한 성과를 거두지 못했다.

그런데 전쟁이 본격으로 시작되기도 전부터 질병이 출현했다. 19세기 내내 인류를 괴롭힌 콜레라는 1840년에 인도를 출발해 1863년까지 유럽, 아시아, 미국 등 세계 각지로 퍼져나갔다. 이때 프랑스군은 출발 전부터 콜레라의 공격을 받아 늦게 출발했으며, 전쟁터가 있는 동쪽으로 이동하는 동안 콜레라는 힘이 더 강해졌다.

크림전쟁 초기부터 콜레라는 계속 기승을 부려 아군과 적군을 가리지 않고, 영국·프랑스·러시아 군을 공격해 마침내 프랑스 장군 한 명을 저세상으로 보내버렸다. 크리미아에서 일전을 앞둔 상황에서도 사정은 전혀 좋아지지 않았다. 위생과 의료 사정이 열악했기 때문에 쉽게 질병이 퍼졌지만, 음식과 약품이 부족한 것도 한몫했다. 연합군과 러시아군 모두 멀리서 군수품이 전달되었으므로 상황은 쉽게 해결되지 않았다.

1854년과 1855년 겨울은 영국군에게 특히 치명적이었다. 11월에 약 330명의 병사가 괴혈병, 이질, 장티푸스 따위에 걸려 쓰러졌다. 겨울이 지나는 동안 병사 약 50%가 사망했고, 상처 부위에 이차감염이 생겨 사망하는 병사들도 많았다. 당시 병원은 놀라울 정도로 더러웠다. 침상으로 사용하는 천은 더러워져도 깨끗한 것으로 바꾸지 않았고 빨지도 않았다. 영국의 한 병원에서는 셔츠 여섯 벌을 빠는 동안 약 2,000명의 이질 환자가 발생하기도 했다.

크림전쟁은 참전기자들이 제대로 활약한 최초의 전쟁이기도 했다. 동맹군 병사들의 고통을 전투에 따라온 참전기자들이 처음으로 널리 알린 것이다. 가족과 친지가 전쟁으로 고생하는 줄 알았으나 전쟁은 해보지도 못한 채 질병으로 고생하고 있다는 소식이 전해지자 영국 내 여론은 극도로 나빠졌다. 여론을 의식한 영국 정부는 이탈리아 출신의 영국 간호사 나이팅게일에게 간호사 38명을 이끌고 전쟁터로 가도록 했다. 간호사들은 더러워진 옷과 의료 기구를 세탁하고, 환자를 씻기고, 식사를 제때에 주고, 의약품을 주는 등 아주 단순한 일을 했지만, 이렇게 한 결과 영국군 사망자 수가 놀랍게 줄어들었다. 나이팅게일의 활약은 병원 위생과 경영에 거대한 개혁을 일으켰고, 간호사들의 입지를 확고히 하는 계기가 되었으며, 여성해방운동에도 영향을 주었다.

괴혈병은 첫해 겨울에 영국군을 강타했다. 그러나 음식이 좋아지면서 서서히 모습을 감추었다. 그러나 나이팅게일의 손길이 미치지 않은 프랑스군에서는 1855년 여름부터 전염병이 한층 더 기세를 떨치고 있었다. 게다가 1855년과 1856년 겨울에는 프랑스군에 발진티푸스가 돌아 수천 명의 목숨을 앗아갔다.

이 시기에 영국군은 별다른 영향을 받지 않았다. 전쟁 기간 내내 질병이 돌았기 때문에 프랑스군의 사망률은 줄곧 높았다. 첫해에 영국군에서 가장 높았던 사망률을 자주 능가하기도 했다. 러시아군도 발진티푸스를 비롯한 감염성 질병에 피해를 입었다. 하지만 전쟁이 끝난 뒤 의학과 간호학이 진보하는 계기가 되었다.

전쟁이 한창이던 1855년 2월에 러시아의 니콜라이 1세가 사망하고, 연합국의 전투력이 러시아를 압도하면서 그해 8월에 러시아는 남쪽으로 내려가는 꿈을 접고 물러나야만 했다. 동맹군은 마침내 1855년 9월 세바스토폴을 점령했고, 1856년 3월에 알렉산드르 2세는 파리에서 강화조약을 체결했다. 그러나 콜레라와 발진티푸스가 러시아와 오스만 투르크 제국으로 퍼져나갔다. 프랑스군은 질병이 사라질 때까지 고향으로 돌아가는 것이 금지되어 프랑스에서 전염병이 전파되지는 않았으나, 영국에서는 군인들이 귀향함에 따라 여기저기서 발진티푸스가 나타나기도 했다.

현대화의 길목에서 벌어진 크림전쟁은 충분히 조사하지 않고 전략을 세워서 더욱 피해를 많이 입었다. 또한 겨울을 대비한 준비가 부실했으며, 전투 지원 체계도 갖추지 않는 등 여러 가지 문제점을 여실히 드러낸 전쟁이었다. 전신을 사용한 최초의 전쟁이었으나 군대 조직만 전문적이고 비대해졌을 뿐 많은 문제를 안고 있었다.

프랑스 장군 보스케는 "장엄하지만 전쟁이 아니었다"라고 했고, 몽고메리는 "이렇게 전쟁을 해서는 안 된다"는 것을 보여 준 전쟁이라 했다.

이렇게 부실한 점이 많은 전쟁이었으니 질병이 발생하지

않을 리가 없었다. 전쟁 기간 동안 콜레라, 괴혈병, 이질, 발진 티푸스 따위 여러 질병이 영국, 프랑스, 러시아 병사들을 공격했다. 1855년 여름이 다 가기도 전에 끝낼 수 있었던 전쟁을 반 년 이상 더 끌고 가는 사이에 군대는 전투보다 질병에 걸려 죽는 사망자가 훨씬 더 많았다. 영국군에서 병으로 죽은 사람의 수는 전투에서 사망한 사람의 열 배였으며, 이러한 막대한 피해가 결과적으로 의료제도와 의학의 발전, 군진의학을 혁신했다.

보어전쟁

남아프리카 전쟁이라고도 하는 보어전쟁은 1899년부터 1902년까지 영국이 남아프리카공화국 땅을 식민지로 삼으려 하자 이에 반기를 든 원주민과 영국 사이에서 벌어진 전쟁이다.

19세기 후반부터 영국의 제국주의는 케이프타운을 중심으로 그 세력을 넓혀 갔다. 북쪽에는 영국보다 앞서 제국주의를 시작한 네덜란드의 후손이라 할 수 있는 보어인이 건설한 트란스발 공화국과 오라네 자유국이 있었다. 그런데 1867년에 트란스발에서 금광이 발견되고 오라네 강변에서 다이아몬드가 나오자 돈에 눈이 먼 영국은 이곳을 지배하려고 했다. 많은 영국인들이 이곳으로 이주했다. 그러자 영국인과 보어인 사이에 갈등이 생겨 마침내 전쟁으로 발전했다. 1881년부터 1884년까지 일어난 제1차 전쟁 이후 트란스발 공화국은 오라네 자유국과 군사동맹을 체결해 영국에 맞서고자 했고, 결국 1899년 10월에 다시 전쟁이 시작되었다.

약 만 명의 병력으로 전쟁을 시작한 영국은 1900년에 지원군이 도착하자 트란스발 공화국을 점령하고 합병을 선언했다. 곧이어 오라네 자유국도 영국에 합병되었다. 그러나 보어군은 그로부터 2년간 게릴라 전법으로 영국에 맞섰으며, 원래 땅을 대부분 되찾은 뒤 영국 땅까지 쳐들어갔다. 그러자 영국은 인구 50만 명에 전체 병력이 약 8만 명뿐인 보어인을 정복하기 위해 군인 약 45만 명을 동원하는 인해전술을 펼친 끝에 1902년에 보어인들을 항복시킬 수 있었다. 이로써 영국은 남아프리카공화국 땅을 완전히 차지할 수 있었지만 나라 안팎에서 비난을 받았다. 그래서 남아프리카에서 보어인을 위해 300만 파운드의 배상금을 주고 자치권을 인정해주었다.

그런데 손쉽게 승리할 것이라 예상한 이 전쟁에서 영국군이 뜻밖에 혼이 난 것은 장티푸스 때문이었다. 전쟁 기간 동안 영국군 약 77,000명이 감염되어 약 13,000명이 사망했다. 보어인 수백 명을 비롯해 전쟁과 무관한 원주민과 네덜란드 이민자도 감염되었다.

열대 지방에서 가장 흔한 질병중 하나인 장티푸스는 흔히 오염된 물과 음식을 통해 전파된다. 보어전쟁 때 이미 물을 깨끗이 거르거나 끓여서 사용하면 장티푸스를 예방할 수 있다는 사실이 알려져 있었으나 영국군은 잘 몰랐다. 전쟁 초기에 북쪽을 향해 진군하던 영국 병사들이 장티푸스균으로 오염된 강

물을 마셨다. 장티푸스는 이미 강 상류 지방에 널리 퍼져 있는 병이었다. 더위에 지친 병사들은 끓인 물이 식을 때까지 기다리지 못했고, 군대에 있는 필터는 일치감치 찌꺼기로 막혀 못 쓰게 되었다.

질병에 걸린 사람들은 심한 복통, 고열, 설사, 환청 등으로 고생했고, 때로는 감염된 지 2주 뒤에 사망하기도 했다. 이미 예방 백신도 개발되었으나 효과를 믿을 수가 없었기 때문에 예방접종률은 5%를 밑돌았다.

전쟁 중 치료를 위해 귀향한 군인만 약 64,000명이었다. 1900년 2월에서 1902년 말까지 질병에 걸린 42,741명 중 11,327명이 세상을 떠났다. 그 시기에 전투에서 사망한 사람은 6,425명이었다. 보어전쟁 전체 기간을 합하면 약 8,000명이 전쟁 때문에 사망했지만, 장티푸스로 세상을 떠난 사람은 약 13,000명이었다(통계자료에 따라 장티푸스로 사망한 숫자가 약 3배 정도 많게 나타나는 경우도 있다).

이런 경험이 20세기의 전쟁에서 영국군의 위생관념을 크게 높였다. 하지만 장티푸스 발생이 크게 줄어든 것은 영국군에서 백신을 도입했기 때문이다. 1914년부터 1918년까지 벌어진 제1차 세계대전에 참여한 영국군에서 장티푸스가 퍼졌을 때 1,000명당 2.35명이 감염되어 0.139명이 사망할 정도로 상태가 좋아졌다. 이러한 내용은 다른 나라에도 알려져 러일전쟁 때는 일본군 병사자가 전사자의 4분의 1이었다. 인류 역사에서 처음으로 전쟁에서 전투로 사망한 사람 수가 질병으로 사망한 사람 수를 앞질렀다. 그 뒤로 전쟁을 할 때에는 예방접종을 하는 것이 당연한 일이 되었다.

제국주의의 가장 무서운 적, 황열

황열의 역사

황열(yellow fever)은 모기를 통해 전염되는 바이러스가 일으키는 질병이다. 황달로 얼굴이 노랗게 변하면서 열이 나는 질병이라는 뜻에서 붙인 이름이다. 역사 기록에 황열이 처음 나타난 때는 1647년의 바베이도스(Barbados, 카리브 해 동쪽에 있는 작은 나라)와 과들루프(프랑스령)로 거슬러 올라간다. 처음에 황열을 'Barbados distemper'라 불렀는데, 이름에서 처음 발생한 곳이 바베이도스라는 것을 알 수 있다.

카리브 해에서 주로 발생하던 황열은 항해 기술이 발전하면서 쿠바와 유카탄 반도 쪽으로 전파되기 시작했다. 17세기가 다 가기 전 황열은 브라질에서도 나타났고, 1668년에 미국 뉴욕에도 황열로 의심되는 환자들이 생겼다. 1699년에는 사우스캐롤라이나의 찰스턴에서 200명에 가까운 사람들이 목숨을 잃었다. 그 뒤로 여름이면 미국 남동부 지역에 황열이 자주 돌곤 했다. 스콧의 기록에 따르면, 17세기에 서부 아프리카에서 스페인과 포르투갈의 식민지였던 아메리카로 노예를 실어 나르던 노예선에서 한 명이라도 환자가 생기면 항구에 들어올 수가 없었다고 한다. 배를 격리해 검역을 했는데, 이때 배에 노란 깃발을 꽂아 두었기 때문에 'Yellow Jack'이라는 별명이 생겼다고 한다.

과일을 충분히 먹으면 괴혈병을 예방할 수 있다는 사실을 발견한 영국 군의관 린드는 세네갈에서 1768년에 감염된 환자에 대해 기록을 남겼는데, 이것이 아프리카에서 발견된 최초의 황열이다. 쇼트는 역시 세네갈에서 1778년에 발견한 환자들에 대한 임상 보고서를 1782년에 남겼다.

이와 같이 기록에 따르면, 황열은 아메리카에서 먼저 발견되었지만 "황열은 아프리카에서 아메리카로 전파된 질병"이라는 기록을 더 많이 볼 수 있다. 아마도 자메이카 출신 의사인 윌리엄스의 공헌 때문일 것이다. 윌리엄스는 카리브 해의 여러 섬과 아프리카 기니를 오가며 노예를 실어 나르는 노예선의 전속 의사였다. 그는 카리브 해에 유행하는 질병(황열)을 기록하면서 아프리카 해안에서 똑같은 질병이 유행하고 있는 것을 이미 보았다고 주장했다. 그는 이 질병이 카리브 해 지역의 풍토병이 아니며, 카르타헤나로 원정을 떠난 사람들이 카리브 해에서 흔히 볼 수 있는 황열보다 증상이 더 심해 때로는 24시간 안에 사망하는 황열을 만났다는 이야기를 전했다. 1740년 무렵에 카르타헤나로 원정대가 출발했으니 기록에 나타난 아프리카 최초의 황열보다 훨씬 빠른 시기에 아프리카에 황열이 나타났음을 알 수 있다.

그런데 18세기 중반의 의사들이 말라리아를 비롯한 다른 열성 전염병과 황열을 제대로 구별했는지는 확실하지 않다. 새로운 주장을 한 윌리엄스는 반대파들과 싸워야만 했다. 윌리엄스의 주장을 비판한 자메이카 의사 한 명은 그에게 결투를 신청했고, 결국 두 사람은 결투한 뒤 후유증으로 사망하고 말았다.

황열이 아프리카에서 아메리카로 옮겨 왔는지, 아니면 그 반대인지는 아직 확실히 밝혀지지 않았다. 하지만 분명한 것은 황열도 다른 전염병과 마찬가지로 한 지역에서 시작됐지만 사람들이 많이 이동하면서 넓은 지역으로 퍼져나가기 시작했다는 사실이다.

나폴레옹이 루이지애나를 미국에게 헐값에 판 이유

2005년 여름이 끝날 무렵, 태풍 카타리나가 미국 루이지애나를 강타했다. 강대국 미국도 거대한 자연 앞에서는 꼼짝할 수 없었다. 가장 큰 피해를 입은 뉴올리언스는 재즈의 고향이

자 프랑스, 스페인, 영국 등 여러 나라의 문화가 한데 어우러져 다른 곳에서는 볼 수 없는 독특함이 살아 있는 도시다. 역사에서 보면 뉴올리언스의 주인은 여러 차례 바뀌었다.

19세기 후반에 프랑스 화가 고갱은 카리브 해의 섬나라 아이티에서 수많은 명작을 남겼다. 1800년에 아이티는 이미 프랑스 식민지였다. 나폴레옹은 아이티를 루이지애나 식민지 통치와 미시시피 계곡에 프랑스 제국을 건설하기 위한 전초기지로 이용하려는 계획을 세웠다. 그 당시 루이지애나는 지금의 미국 50개 주 가운데 하나였으며, 태풍이 강타한 루이지애나가 아니라 미국의 중부를 남북으로 관통하는 넓은 지역을 가리키는 말이었다.

1801년에 아이티의 노예들이 반란을 일으키자 나폴레옹은 르 클레르가 이끄는 약 12,000명의 군대를 보내 반란을 진압했다. 그러나 전투가 끝난 뒤 프랑스 군대에 전염병이 돌아 큰 피해를 입었다. 1802년 6월까지 프랑스는 3,000명의 목숨을 잃었고, 하루에 30~50명씩 사망자가 생겼다. 황열은 여름 내내 기세를 떨쳤고, 프랑스 군대를 거의 괴멸하다시피 했다. 병사뿐만 아니라 지휘관들도 목숨을 잃었으며, 1802년 10월에는 르 클레르도 사망했다. 이런 상황에서도 오로지 정복에만 열중하던 나폴레옹은 계속 군대를 증파해서 제국주의 정책을 이어가고자 했다.

그러나 황열이 어떤 전염병인지 전혀 몰랐던 프랑스 정부는 결국 황열에 무릎을 꿇었다. 1803년 11월에 아이티에 있던 프랑스 군대는 철수했다. 나폴레옹의 명령에 따라 아메리카 대륙으로 갔던 33,000명(다른 기록에는 37,000명)의 군인들 가운데 살아서 고향으로 돌아온 사람은 3,000명뿐이었다.

제국주의의 꿈이 산산이 깨진 나폴레옹은 결국 1803년 미국 정부의 수장 제퍼슨에게 루이지애나를 헐값에 사라고 요구했다. 그 결과 미합중국의 영토는 거의 두 배로 넓어졌다.

세력을 키워가는 황열

17세기 말 미국에 상륙한 황열은 여름이면 때때로 일어나 신대륙을 찾아온 침입자들을 성가시게 했다. 1706년에 미국 남부를 강타했을 때는 인구의 5%가 사망했다. 그러나 1793년에 미국 동북부를 강타해 필라델피아를 공황 상태에 빠뜨리기 전까지는 1728년과 1732년에 잠시 유행했을 뿐이다.

카리브 해는 역사에서 가장 중요한 황열 발생 지역이었다. 그러다 보니 초기에 황열 연구는 주로 이 지역에서 이루어졌다. 그 결과 황열이 해결되기까지 쿠바가 항상 중심에 있었다. 차콘은 1791년 쿠바에서 발생한 황열 환자의 기록을 모아 그때까지 알려진 황열에 대한 지식을 집대성하는 논문을 쓰기도 했다.

그로부터 2년 뒤 황열은 필라델피아에서 발생했다. 황열이 무서운 기세로 도시를 점령하자 아무 대책이 없었던 시민들은 황열이 저절로 사라지거나 운 좋게 살아남기만을 바랐다. 식구 중에 환자가 생기면 부모든 배우자든 자식이든 상관없이 환자를 버려두고 가족들이 떠나는 일이 자주 일어나 가정이 순식간에 무너졌다. 약 30년 동안 황열이 유행하자 필라델피아 전체 인구의 10분의 1이 목숨을 잃었다.

그 당시 펜실바니아 의과대학 교수인 러쉬는 황열을 잡기 위해 온힘을 쏟았지만 결국 치료법을 발견하지는 못했다. 1799년에 그는 6년 동안 황열에 대해 연구한 결과를 바탕으로 심층 보고서를 작성했는데, 이것은 후대 의학자들에게 큰 도움을 주었다.

19세기에 들어서자 황열은 서서히 아메리카 대륙을 벗어나기 시작했다. 처음 대서양을 건너가 유럽에 상륙했을 때는 안달루시아 지방을 비롯한 몇몇 지역에 잠시 머무르다 사라지는 정도였지만 서서히 그 위력을 더해가고 있었다. 1804년, 황열이 드디어 무서운 기세로 유럽에 들이닥쳤다. 스페인의 항구 도시 말라가가 가장 피해가 컸다. 당시 전체 인구의 약 3분의 1이 황열에 감염되었다. 황열은 지중해 연안을 따라 바르셀로나까지 전파되었다. 1817년에는 지중해 연안의 카디즈까지 퍼져나갔다. 황열은 사라졌나 싶으면 다시 나타나기를 되풀이하더니 1819년에 다시 크게 번져 당시 카디즈에 살고 있던 72,000명 중 48,000명이 황열에 감염되었고, 이 가운데 약 5,000명이 생명을 잃었다. 뿐만 아니라 그해부터 4년 동안 여름철마다 카디즈와 헤레즈(안달루시아 지방의 도시)에서 발생해 시민들을 공포에 떨게 했다.

다른 나라에서 자주 전염병이 발생하자 유럽 여러 나라에서는 아프리카나 아메리카에서 배가 들어올 때면 검역을 철저하게 했다. 배를 항구에 묶어둔 채 검역을 통과해야 풀어주었다(영어로 검역을 의미하는 quaratine은 이탈리아어로 40을 의미하는 quarata에서 왔다. 14세기에 페스트가 유행할 때 아시아에서 온 선박을 항구에 40일 동안 정박하게 했다가 환자가 발견되지 않으면 입항을 허락했다. 이러한 검역 풍습은 19세기가 끝날 무렵까지 남아 있었다). 다른 나라에서 오는 편지도 철저하게 검역했다.

브라질에 황열로 추정되는 전염병이 처음 유행한 것은 17세기 이전으로 거슬러 올라가지만, 정확한 내용은 알려지지 않았다. 1803년에 루이지애나를 미국에 팔아넘긴 프랑스 정부는 유럽 정복에 전념해 1808년 무렵 포르투갈을 침범했다. 스페인과 함께 당시 제국주의의 선봉장이던 두 나라는 포르투갈 땅에서 접전을 벌였다. 전세가 불리하다고 판단한 포르투갈왕 돔 조앙 6세는 리우데자네이루로 피신했다가 프랑스가 철수한 1821년에야 리스본으로 되돌아왔다. 이때 돔 페드로 왕자를 남게 해 브라질을 통치하게 했다.

남아메리카에서 가끔 발생한 황열은 1849년 12월에 브라질 북동부의 바이아를 거쳐 리우데자네이루로 빠르게 번졌다. 여름이 시작되자마자 사나운 위세를 떨친 황열은 겨우 서너 달 동안 적어도 12,000명의 목숨을 앗아갔다. 그 결과 포르투갈 이민자들이 들어오면서 번성하기 시작한 리우데자네이루는 황폐해지고 말았다. 2005년 여름의 루이지애나와 텍사스 해안

지대 주민들처럼 모든 사람들이 리우데자네이루를 떠났다.

브라질의 새로운 통치자 돔 페드로 2세도 지배 계층을 이끌고 리우데자네이루를 떠나 페트로폴리스로 갔다. 더위가 물러가면서 황열이 잠잠해진 5월에야 리우데자네이루로 돌아온 그는 시민들을 괴롭히는 유행병을 없애겠다고 연설을 했다. 이 연설이 효력이 있었는지 다음 해에 잠깐 황열이 돌았을 뿐 몇 년 동안 황열은 다시 찾아오지 않았다. 그러나 유럽에서 오는 이민자들이 발길을 끊었다. 1856년이 되자 리우데자네이루의 인구는 1840년대 후반과 비교해 반 이하로 줄어들었다.

18세기 전반을 비교적 조용하게 보낸 미국에 황열이 다시 찾아왔다. 1861년부터 강력한 황열이 미국 동부해안을 따라 퍼지기 시작했지만 그런대로 견딜 만했다. 그러나 1878년 루이지애나에 퍼진 황열은 미시시피 강을 따라 북상해 남부 일리노이까지 퍼졌다. 미국도 서서히 황열의 식민지가 되고 있었다. 이때 100개 이상의 도시에서 12만 명이 넘는 환자가 발생했고, 20,000명이 넘는 사람들이 목숨을 잃었다.

사람들의 삶은 이루 말할 수 없이 황폐해졌다. 당시에 전염병이 돌면 환자를 격리하는 것이 유일한 방법이었다. 그런데 황열이 퍼지자 이 방법도 소용이 없었다. 또한 전염병이 퍼지는 양상이 의학자들의 예상을 뛰어넘어 종잡을 수 없었기 때문에 사람들은 공포에 떨어야만 했다. 공중보건 당국은 믿을 만한 정책을 세우기가 어려웠다. 19세기 말에 루이지애나에서는 여러 차례 황열이 크게 유행했으며, 이때 중심지인 뉴올리언스는 '남부의 무덤'이라는 별명을 가지게 되었다.

1888년 8월, 이번에는 황열이 루이지애나에서 남쪽으로 수백 마일 떨어진 플로리다를 덮쳤다. 가장 피해가 컸던 잭슨빌에서는 모든 것이 마비되었고, 공포에 질린 시민들이 도시를 빠져나가기 위해 몸부림을 쳤다. 일부 시민들은 공황 상태에 빠졌고, 집에 불을 지르고 문을 활짝 열어놓은 채 떠나는 사람들도 있었다.

핀레이의 등장

1880년대에 이르자 프랑스의 파스퇴르가 미생물이 전염병의 원인이 된다는 학설을 발표했다. 여러 가지 전염병에서 이와 비슷한 결과가 나왔지만, 그때까지도 전염병이 나쁜 공기 때문에 발생한다는 이론이 수그러들지 않고 있었다. 널리 알려지지는 않았지만, 알라바마에 근무하던 노츠라는 사람이 모기가 황열을 퍼뜨린다는 이론을 발표한 기록이 있다. 실제로 이처럼 놀라운 사실을 확실하게 밝힌 사람은 쿠바의 핀레이였다.

스코틀랜드 출신인 의사 아버지와 프랑스 출신 어머니 사이에서 태어난 핀레이는 10대에 심한 콜레라로 죽을 뻔했고, 장티푸스로 학업을 그만두기도 하는 등 어려운 시기를 보냈다. 그러나 선생인 고모에게 초등교육을 받을 수 있었고, 영국과 프랑스로 유학을 가서 대학을 졸업했다. 1855년 제퍼슨 의과대학을 졸업한 뒤 페루, 파리, 쿠바 등지를 돌아다니며 의사 및 의학자로서 인생을 시작했다. 1881년 워싱턴에서 열린 국제위생회의에 쿠바의 식민 정부의 대표로 참석해서 모기가 황열을 퍼뜨린다는 이론을 발표했다.

19세기 말, 유럽 열강들보다 뒤늦게 제국주의 침략에 눈을 뜬 미국은 남미 진출과 파나마운하를 점령하기 위한 계획을 세우고 있었다. 가장 큰 걸림돌은 황열을 비롯한 열대성 풍토병이었다. 이를 해결하기 위해 미국 정부는 군진의학자들을 주축으로 열대병 연구팀을 구성했다. 핀레이도 여기에 참여해 황열을 비롯한 많은 연구를 진행했다.

핀레이는 역사학과 언어학에도 뛰어났으며, 감염성 질환 말고도 여러 의학 분야에 훌륭한 업적을 남겼다. 그가 열대의학 발전에 크게 공헌한 것은 틀림없다. 하지만 그가 이룬 업적 덕분에 미국은 쉽게 남미를 침략할 수 있었다. 파나마운하가 미국에 넘어간 지 한 세기가 지난 지금, 미국이 남미의 경제 위기를 만들었다는 주장이 나오는 것을 보면 역사가 옳은 방향으로만 굴러가는 것은 아니라는 것을 실감한다.

핀레이의 이론은 피를 빨아먹는 곤충이 황열의 매개체 노릇을 할 것이라는 생각에서 출발했다. 그의 이론이 옳다면 모기가 환자의 모세혈관을 찔러서 병독성을 지닌 입자를 얻은 후, 다음 사람에게 이 입자를 찔러 넣어서 병에 걸리게 해야 한다. 또 그는 같은 모기가 두 사람 이상을 감염시킬 수도 있다는 가설도 제시했다.

그러나 당시에는 핀레이의 가설보다는 나쁜 공기 전파 이론이 옳다고 생각했다. 또한 황열 환자가 생기면 격리나 수용을 했기 때문에 인정을 받지 못했다. 핀레이가 직접 실험을 하기도 했으나 가설을 증명하지는 못했다. 미국의 리드가 그의 가설을 증명해줄 때까지는 20년이라는 세월이 더 필요했다. 핀레이의 이론을 증명한 것은 다른 사람이었지만, 스페인어를 사용하는 나라에서는 지금도 리드보다 핀레이를 더 높이 평가한다.

모기가 황열을 전파한다

황열 예방법을 알아내는 데 성공한 나라는 미국이다. 그러나 미국이 황열 예방에 노력한 이유는 뒤늦게 식민지 정복에 뛰어든 후발주자로서 제국주의를 다른 나라보다 효과적으로 수행할 필요가 있었기 때문이다. 수많은 사람들의 목숨을 앗아간 황열을 예방할 수 있는 방법을 발견한 것은 좋았지만 결코 뜻이 좋았다고는 할 수가 없다. 지금도 미국은 남아메리카에서 최고의 영향력을 발휘하고 있으니 어쨌든 작전은 성공한 셈이다.

1890년대에 들어서자 플로리다와 쿠바의 교역이 크게 늘어났다. 플로리다와 쿠바 사이에 왕래가 활발해지면서 황열이 발생하는 지역이 쿠바에서 플로리다로 옮겨 갔다. 미국의 공중보건 당국은 이를 해결하기 위해 쿠바를 합병해 쿠바의 보건 문제를 직접 관리해야 한다고 주장했다. 이 때문에 미국은 1898년에 스페인과 전쟁을 했다.

1898년 7월 1일부터 3일까지 쿠바의 산티아고에 미국 군대가 주둔하자 황열이 발생했다. 전쟁 기간이 그리 길지 않았으므로 전쟁으로 사망한 사람은 400명이 채 되지 않았지만, 황열로 사망한 사람은 2,000명에 이를 정도였다. 당시까지 전염병을 예방하는 가장 좋은 방법은 개인위생을 철저하게 하는 것이라 알려져 있었기 때문에 레너드 우드 장군이 이끄는 군대는 청결함을 유지하기 위해 힘을 쏟았지만 황열을 피할 수는 없었다.

전염병을 해결하지 않으면 결코 전쟁에서 승리하거나 제국주의를 성공적으로 이끌 수 없다는 사실을 깨달은 미국 군대와 보건 당국은 황열을 없앨 방법을 찾기 위해 황열 위원회를 구성했다. 책임을 맡은 사람은 미군 군의관 리드였고, 위원에는 세균학자 캐럴, 모기 연구가 라지어, 병리학자 아그라몬트 등이 참여했다.

1900년 6월 25일, 쿠바에 도착한 위원회는 황열이 발생하는 양상이 이전 전염병과는 다르다는 사실을 알고, 아바나에 있는 핀레이를 찾아갔다. 모기가 황열을 전파할 것이라는 설명을 들은 뒤 핀레이가 준 모기알을 가지고 돌아왔다. 그리고 핀레이가 증명하지 못한 가설을 검증하기 위해 그에게 자문을 들으며 100번 이상 실험을 되풀이했다. 마침내 모기가 황열을 전파한다는 사실을 증명함으로써 황열을 예방할 수 있는 방법을 찾았다.

목숨을 바친 연구와 리드의 업적

황열이 발병하는 양상을 조사하던 리드는 먼 거리를 건너
뛰어 환자가 발생하고 있다는 사실에 관심을 가졌다. 한 집안
에서 환자가 감염되었어도 대부분 다른 가족들에게는 전파되
지 않았다. 또 환자가 발생하는 경우에는 약 2주 정도 지나서
여러 명이 한꺼번에 감염되는 경우도 있었다. 리드는 2주라는
기간에 주목하고, 이 기간이 병원체가 자라는 데 필요한 시간
일지도 모른다고 추측했다.

핀레이는 황열의 매개체가 모기라는 가설을 주장했지만, 환
자 100명 중에 사망자가 적게는 20명, 많게는 80명에 이르다
보니 어떤 실험을 진행해야 할지 계획을 세우기가 어려웠다.
라지어와 캐럴은 실험에 자원했다. 라지어는 목숨을 잃었지만
모기가 황열의 매개체라는 사실이 밝혀졌다.

리드는 대학 졸업 후 의과대학을 두 군데나 더 다닌 뒤 더
좋은 여건에서 연구할 수 있다고 생각해 군의관에 지원했다.
군의관 복무를 시작한 1875년부터 미생물학과 임상현미경학
을 공부하면서 군진의학과 관련된 여러 가지 연구를 했다.

리드는 1898년에 미국과 스페인이 전쟁을 하고 있을 때 군
대에 널리 퍼져 있는 전염병을 조사하는 책임자로 임명되어
다른 연구원들과 함께 쿠바로 갔다. 이 당시 공식 보고서에서

볼 수 있듯이 황열은 환자가 입었던 옷을 통해 전파된다는 것이 정설이었고, 핀레이만이 1881년부터 곤충이 매개체라는 가설을 내놓고 있었다.

라지어의 목숨을 앗아간 비밀 실험에서 리드는 이집트 숲 모기(Aedes aegypti)가 황열의 매개체라는 것을 증명했고, 사람들끼리 접촉하는 것으로는 결코 전파되지 않는다는 내용이 담긴 보고서를 제출했다. 이 보고서에 따라 미국은 쿠바에서 1901년부터 고거스가 지휘해서 모기 박멸 사업을 벌여 황열을 예방할 수 있었다. 같은 해 2월 육군대학 교수로 돌아간 리드는 1902년 11월 22일에 충수돌기염(맹장염) 수술이 잘못 되어 세상을 떠나고 말았다.

1909년, 미국 육군은 리드의 업적을 기념하기 위해 워싱턴 D.C.에 육군 의료원을 건립했고, 그의 탄생 100주년을 맞은 1951년에 리드의 업적을 오래 기리기 위해 '월터 리드 육군 의학 센터'로 이름을 바꿨다.

프랑스가 파나마운하를 포기한 까닭

프랑스인 페르디낭 드 레셉스는 1854년 이집트의 허락을 받아 수에즈운하 공사를 시작해서 1869년에 완공했다. 그는 1879년에 파나마의 좁은 지협에 이미 건설된 철도와 평행으로 나아가는 운하를 만들 수 있는지 조사하기 시작했다. 이미 수에즈운하를 완공해 명성을 얻고 있던 그는 7~8년이면 운하를 완성할 수 있을 것이라고 계산한 뒤 1881년부터 공사를 시작했다.

그러나 운하를 만드는 지역은 모기가 가장 좋아하는 습한 지역이 대부분이었기 때문에 모기의 공격을 피할 수 없었다. 운하 공사에 동원된 노동자 1,000명 가운데 176명이 사망하고, 1889년 5월에는 20,000명 이상의 노동자가 사망하자 회사는 파산했다. 그는 파나마운하 건설 계획을 포기했다.

니카라구아 아니면 다른 지역에 건설하거나 아예 운하를 건설하지 말자는 의견이 나오기도 했다. 이때 리드의 뒤를 이은 고거스가 모기를 박멸하는 데 어느 정도 성공하자 1904년부터 미국이 관심을 갖기 시작했다.

리드의 뒤를 이어 쿠바에 부임한 고거스는 1901년부터 아주 큰 규모로 모기 박멸 사업을 했다. 숙소에는 그물망을 설치하고, 고인 물이 흐를 수 있도록 배수로를 만들었으며, 여기에 제초제와 살충제를 뿌려 모기가 살지 못하게 하고 동시에 모기 유충을 없애는 것이 그의 계획이었다. 박멸 사업을 벌이자 황열 환자가 줄어들었다.

1906년에 마지막 황열 환자가 발생한 뒤로 황열 환자가 사라지자 미국은 다시 파나마운하를 건설하기로 결정했다. 모기 박멸 사업은 이 지역에 발생하는 말라리아도 함께 줄였다. 모기를 박멸해 황열과 말라리아를 어느 정도 해결한 것은 의학 역사에서 큰 의미가 있다.

1913년 11월 17일, 처음으로 배가 파나마운하를 통과해 대서양에서 태평양으로 곧장 나아갔다. 1880년대에 1,000명당 176명이었던 노무자 사망률은 1,000명당 6명으로 줄어들었다. 당시 1,000명당 14명이었던 미국 전역의 사망률과 비교하면 노동자들의 노동 조건이 얼마나 나아졌는지를 알 수 있다.

황열 예방에 공헌한 사람들

모기를 박멸해 황열을 예방할 수 있게 해준 사람은 핀레이, 리드, 고거스다. 하지만 근본 해결책을 찾는 일에는 더 많은 사람의 노력이 필요했다.

크림전쟁 때 영국에 나이팅게일이 있었다면, 황열과 전쟁을 벌일 때 미국에는 순교 간호사 마스가 있었다. 1898년 미국과 스페인이 전쟁을 시작하자 마스는 자원해서 미국 남부와 쿠바에서 환자를 돌보았고, 필리핀 근무를 자원하기도 했다. 마스는 고거스의 면역을 이용한 예방법 연구 실험에 참여했다. 이 연구의 가설은 파스퇴르가 보여준 것과 같이 약한 전염성 병원체에 노출되면 실제로 병에 걸리더라도 예방접종을 한 것 같은 효과를 얻을 수 있을 것이라는 내용이었다. 마스는 1901년 6월에 약하게 황열을 앓았고, 8월 14일에 상태가 심한 황열 환자를 문 모기에 물리는 실험에 동의했다. 하지만 실험이 실패해서 마스는 25살에 목숨을 잃었다. 황열 연구에 생명을 바친 마스를 기념해 뉴어크 독일 병원(Newark German Hospital)은 1952년에 클라라 마스 기념 병원(Clara Maass Memorial Hospital)으로 이름을 바꾸었다.

브라질 미생물학의 창시자 크루즈는 쿠바에서 고거스가 벌였던 모기 퇴치 운동을 리우데자네이루에서 시작했다. 이 운동은 아주 성공해서 1902년에 984명이었던 사망자 수가 1908년에 4명으로 줄어들 만큼 효과를 거두었고, 그는 큰 명성을 얻었다. 그 뒤로 크루즈는 여러 가지 감염병을 연구해서 브라질 미생물학의 창시자 또는 브라질 실험의학의 창시자라는 이름을 얻었다.

올해로 106회째를 맞는 노벨상 역사에서 생리의학상 수상자 가운데 유일하게 아프리카 출신인 테일러는 1951년에 황열 백신을 개발해서 노벨상을 받았다. 그는 1927년에 황열의 원인이 박테리아가 아니라 바이러스임을 증명했고, 원숭이가 황열에 걸리게 하는 실험에 성공했다. 이듬해에는 생쥐가 황열 바이러스에 감염될 수 있다는 사실을 발견했다. 1930년부터 실시한 연구에서 실험용 동물을 이용해 독성이 약한 바이러스를 얻는 데 성공해 이를 황열 예방 백신으로 안전하게 사용할 수 있게 했다.

백신 개발 이후

1934년부터 사하라사막 남쪽에 주둔하고 있던 프랑스 군대에 황열 백신을 사용하기 시작했다. 1920년대에 지금의 나이지리아와 가나 등지에서 이미 황열이 유행한 적이 있기 때문에 예방접종을 해야만 했다. 1940년대에 들어서 프랑스 식민지를 중심으로 해마다 2천5백만 명이 예방접종을 받았고, 기대한 대로 예방접종을 실시한 나라에서는 환자 수가 아주 많이 줄어들었다.

황열 백신을 개발한 테일러가 1951년에 노벨 생리의학상을 받은 지 벌써 반세기가 지났다. 이제 황열에 걸리는 사람은 많지 않지만 그래도 황열은 여전히 우리를 위협하고 있다.

1960년부터 약 2년 동안 에티오피아를 강타한 황열로 에티오피아 전체 인구의 약 10%인 100,000명이 감염되었고, 그중 약 30,000명이 목숨을 잃었다. 1962년에 세계보건기구에서는 말라리아 퇴치 운동을 크게 벌였다. 황열이나 말라리아는 모두 모기가 퍼뜨리는 질병이기 때문에 모기 문제를 반드시 해결해야 한다. 1971년에 앙골라에서 황열이 퍼져 전 인구의 13%가 감염되기도 했고, 1975년 볼리비아에서 145명, 1986년 나이지리아에서 623명이 사망했으며, 비록 지금은 잠잠해졌지만 세계보건기구 등이 여전히 황열에 주의할 것을 당부하고 있는 실정이다.

20세기 후반에 들어 지구온난화현상 때문에 말라리아가 기승을 부렸다. 따라서 모기를 매개체로 하는 황열이 언제 다시 인류를 위협할지 알 수 없다. 다행히 아프리카와 아메리카 대륙과 비교할 때 아시아에서는 발생 빈도가 그리 높지 않다.

백신을 개발하고 모기 서식지를 없애는 등 황열을 예방할 수 있는 방법을 찾은 것은 인류에게 아주 다행스런 일이다. 그러나 이러한 연구가 강대국들이 제국주의를 쉽게 하기 위한 목적으로 진행되었음을 생각하면 씁쓸하다.

이제는 드러내놓고 제국주의 정책을 펼치기 어려운 세상이 되었지만, 지구라는 한정된 공간에서 제국주의와 전쟁 때문에 평화가 깨지자 이 틈을 타 황열이 인류를 위협했다. 그 결과 제국주의와 전쟁의 판도가 여러 차례 뒤집어지기도 한 것이다.

전쟁의 승패는 군사력과 지휘관의 능력이 가장 크게 좌우한다고 생각하기 쉽다. 실제로 2차 세계대전의 영웅 몽고메리가 쓴 대작 『전쟁의 역사 I, II』를 봐도 그 같은 내용이 주를 이룬다. 그러나 전쟁이 진행되는 과정에서 군사력을 훨씬 강하게 유지할 수 있는 방법이 있더라도 이용하지 못하는 경우가 많았으며, 질병이 전쟁 판도를 바꾸는 데 큰 역할을 했다. 이런 문제를 해결하기 위한 군진의학의 발전이 전체 의학 발전에 기여하기도 했고, 제국주의의 판도를 바꾸어 놓기도 했다.

지금까지 질병과 같은 외부 인자가 그 판도를 좌우할 만큼 역할을 할 수 있음을 소개했다. 전쟁은 단순한 무력충돌이 아니라 과학수준을 포함한 모든 사회적 능력의 총합의 대결이다. 인류가 전쟁과 질병으로부터 해방될 수 있는 날이 하루빨리 찾아오기를 기대한다.

참고문헌

리차드 고든, 김철중 옮김, 『역사를 바꾼 31명의 별난 환자들』, 에디터, 2001.

버나드 로 몽고메리, 승영조 옮김. 『전쟁의 역사 I, II』, 책세상, 2000.

윌리엄 맥닐, 허정 옮김, 『전염병과 인류의 역사』, 한울 아카데미, 1992.

이종호, 『세계를 속인 거짓말』, 뜨인돌, 2006.

폴 드 크루이프, 이미리나 옮김, 『소설처럼 읽는 미생물 사냥꾼 이야기』, 몸과 마음, 2005.

프레데릭 카트라이트·마이클 비디스, 김훈 옮김, 『질병의 역사』, 가람기획, 2004.

하마다 아쓰오, 김돈하 옮김, 『여행과 질병의 3천년사』, 심산, 2004.

Biological Weapons, "A special issue", Jounal of American Medical Association, Aug, 1997.

Giblin J.C., 『When Plague Strikes』, Harpercollins Publishers, 1995.

Hedges C., 『What Everyono Should Know about War』, Free Press, 2003.

Huxsoll D., Patrick W.C., Parrott C., 『Veterinary services in biological disasters』, JAVMA, 1987: 190(6), pp.714-722.

Marr J.S., Calisher C.H., 『Alexander the Great and West Nile Encephalitis』, Emerging Infectious Diseases 9(12), 2003.

Peters C.J., 『Virus Hunter』, Anchor Books, 1997.

Siem H.T., 『Men, Microbes and Medical Microbiologists』, Erasmus Pusblishing, 2004.

Zinsser H., Rats, 『Lice and History』, Back Bay Books, 1963.

미국 질병통제본부 홈페이지 (www.cdc.gov)

프랑스엔 〈크세주〉, 일본엔 〈이와나미 문고〉,
한국에는 〈살림지식총서〉가 있습니다.

📖 전자책 | 🔍 큰글자 | 🔊 오디오북

전쟁의 판도를 바꾼 전염병

펴낸날	초판 1쇄 2007년 1월 25일
	초판 4쇄 2023년 3월 30일

지은이	예병일
펴낸이	심만수
펴낸곳	(주)살림출판사
출판등록	1989년 11월 1일 제9-210호

주소	경기도 파주시 광인사길 30
전화	031-955-1350 팩스 031-624-1356
홈페이지	http://www.sallimbooks.com
이메일	book@sallimbooks.com

ISBN	978-89-522-0606-0 04080
	978-89-522-0096-9 04080 (세트)

※ 값은 뒤표지에 있습니다.
※ 잘못 만들어진 책은 구입하신 서점에서 바꾸어 드립니다.